Meinrad Neunkirchner
Katharina Seiser

So schmecken Wildpflanzen

Meinrad Neunkirchner
Katharina Seiser

SO SCHMECKEN *Wildpflanzen*

144 Rezepte
vom Meister der Aromen

Mit Fotografien von
Thomas Apolt

Ulmer

Inhalt

Einleitung

Anhang

Waldmeister

Frühling

Sommer

Wegweiser

Mut und Ausdauer sind normalerweise keine Charaktereigenschaften, die man für die Lektüre eines Kochbuches und die Umsetzung der darin enthaltenen Rezepte braucht.

Ein wenig Mut erfordert es aber schon, sich mit Korb und Schere aufzumachen und nicht zu wissen, ob es zum Abendessen das ausgewählte Wildpflanzengericht nach dem Rezept von Meinrad Neunkirchner geben wird oder ob die Natur andere Pläne hat. Zur Sicherheit geben wir Ihnen den beiliegenden hosentaschentauglichen Wildpflanzen-Wegbegleiter mit. Darin sind die 30 Wildpflanzen aus diesem Buch abgebildet und zwecks Inspiration auch alle Rezepttitel vermerkt. Wenn sich der Spitzwegerich allzu gut verstecken sollte, finden sich ja vielleicht Taubnesseln in der Nähe.

Das Buch ist in die Jahreszeiten Frühling, Sommer und Herbst unterteilt. In jeder dieser drei Saisonen stellen wir Ihnen zehn Wildpflanzen vor, die durch ihren Geschmack und Geruch und durch ihre Farbe und Form Vielfalt auf den Teller und den Gaumen bringen. Manche davon sind zwar eher aus längst vergessener Kultur bekannt, und manche sind auch Pilze, aber wir wollen weder den Begriff „Wildpflanze" gar zu eng sehen noch neue Dogmen aufstellen. Wichtig war uns, den Pflanzen, die in großer Vielfalt nebenan auf der Wiese oder im Wald wachsen,

Weinraute

die Bühne zu geben, die ihnen wegen ihres hohen kulinarischen Wertes zusteht. Uns geht es um den Genuss dieser alles außer gewöhnlichen Aromen.

Wir haben solche Pflanzen ausgewählt, die in Österreich und in den Nachbarländern mit ähnlicher Vegetation relativ weit verbreitet, leicht zu erkennen sind und eher in Massen auftreten. Mehrere Rezepte und zusätzliche Verwendungstipps pro Pflanze überlassen Ihnen die Wahl, wie Sie Ihren Fund am liebsten verarbeiten möchten.

Drei Viertel der Rezepte sind mit ein wenig Kocherfahrung leicht zu bewerkstelligen. Jedes Rezept verlangt nach nur einer Wildpflanze, nicht nach mehreren, weil wir wissen, wie schwierig sich das Finden so manchen Krautes gestalten kann.

Weil Meinrad Neunkirchner nicht nur ein großer Wildpflanzenkenner und -könner, sondern auch ein Spezialist fürs Einkochen und Einlegen ist, sind rund ein Drittel der Rezepte solche für den Vorrat, leicht erkennbar am Rexglas-Symbol neben dem jeweiligen Titel.

Hier kommt Ihre Ausdauer ins Spiel. Schaffen Sie es, die Vogelbeerpaste auch wirklich drei Monate unangetastet zu lassen und den Holleressig wochenlang im Keller zu „vergessen“? Es zahlt sich aus, vertrauen Sie auf die Erfahrung des Meisterkochs. Er revanchiert sich für Ihren langen Atem mit unzähligen Tipps aus seinem 30-jährigen Erfahrungsschatz. Bei uns werden Sie nämlich keine Chutneys, die zu nichts passen, finden, sondern zu jedem Vorrat Vorschläge, wie sich die Paste, das Salz, der Essig und das Kompott nach der angemessenen Reifezeit von ihrer besten Seite zeigen.

Nehmen Sie sich, noch bevor Sie sich auf den Wildpflanzenweg machen, Zeit, Grundrezepte wie Gemüsefond (→ S. 272) und Kalbsjus (→ S. 274) auf Vorrat zu kochen. Das dauert einen Tag, aber damit sind Sie für die meisten Rezepte bestens gerüstet.

Dem umfangreichen Rezeptteil haben wir ein paar Anmerkungen zum Sammeln und Verarbeiten von Wildpflanzen und zur Wildpflanzenküche Meinrad Neunkirchners vorangestellt. Außerdem klären wir jene Kochbegriffe und Maßeinheiten, die Ihnen in diesem Buch immer wieder unterkommen werden.

Dass die Getränketipps nach Lust und Laune abgeändert werden können und bloß unseren Geschmacksvorlieben entsprechen, versteht sich von selbst. Wir haben bewusst nur österreichische Weine ausgewählt.

Im Anhang finden Sie unsere liebsten Bezugsquellen im Raum Wien sowie Literaturempfehlungen und nicht zuletzt ausführliche Verzeichnisse nach Art des Gerichtes und Stichwörtern.

Wir wünschen Ihnen reiche Wildpflanzenfunde und genussvolle Stunden beim Kochen und Essen der daraus zubereiteten Gerichte.

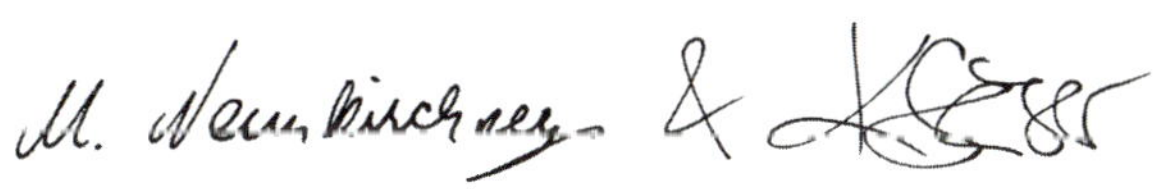

Meinrad Neunkirchner & Katharina Seiser

Der Meister der Aromen: Meinrad Neunkirchner

Die Bachkresse steht nicht nur am Anfang dieses Buches. Sie ist auch die erste Wildpflanze, die Meinrad Neunkirchner vor über 30 Jahren in seiner Ausbildung zum Koch kennengelernt hat. Mehr als Brunnenkresse und frische mediterrane Kräuter wie Lorbeer, Thymian und Salbei waren damals in der Gastgewerbefachschule in Wien aber kein Thema. Im Hotel Imperial, der ersten Station des jungen Kochs, standen um 1980 immerhin Brennnesselsuppe und Waldmeisterparfait auf der Speisekarte.

> *„Manchmal schmeckt ein Kraut weniger, manchmal mehr, es ist immer ein anderes Geschmackserlebnis und jedes Jahr anders."*

Vor verschlossenen Klostertüren

Was Vielfalt und Frische wirklich bedeuten, hat Meinrad Neunkirchner zuerst bei Eckart Witzigmann im Münchner 3-Sterne-Restaurant Aubergine und danach vor allem in Frankreichs Spitzengastronomie erfahren. Ende der 80er Jahre arbeitete er bei Marc Meneau in Vézelay und bei Troisgros in Roanne, beide ebenfalls 3-Sterne-Betriebe. Bei Troisgros lernte er bis heute berühmte Gerichte wie eine Vinaigrette mit Vogelmiere oder Lachs in wildem Sauerampfer kennen und zubereiten. In Frankreich gehörte es für die Köche in diesen Restaurants dazu, täglich auf den Markt zu gehen und aus einer Vielzahl von Kräutern, Gemüse und Pilzen wählen zu können. Dort hat Meinrad Neunkirchner von Markthändlern auch den Hinweis auf die Kartäuser bekommen, jenen Orden, der Jahrhunderte für seine ausgefeilten kulinarischen Methoden und Rezepturen berühmt war. Neunkirchner wäre damals gerne für ein paar Wochen in eine der wenigen noch bestehenden Kartausen in Deutschland oder Österreich gegangen, um von den Mönchen zu lernen. Dass der strenge Orden ihm aus Prinzip den Zugang verwehrte, tat zwar weh, der Faszination aber keinen Abbruch. Er hat sich dann eben in Antiquariaten mit vorwiegend französischer Literatur zum Thema eingedeckt und die Liebe zu den Wildpflanzen mit seiner eigenen Kreativität gepflegt.

Spezialist für verzwickte Sachen

Wieder zurück in Wien machte sich Meinrad Neunkirchner schon Anfang der 90er Jahre im damaligen Restaurant Fuchsenloch und später im Vincent und Academie einen Namen als „Meister der Aromen", „Alchemist" und Spezialist für eingelegte rare Pflanzen. Für seine subtilen, stets harmonischen und doch kraftvollen Kreationen bekam er rasch drei Hauben und einen Michelin-Stern. Weil hier im Gegensatz zu Frankreich kleine Lieferanten kaum

Verbindungen zur Gastronomie hatten, ging er zu Beginn selbst Vogelbeeren und Wildzwetschken am Wiener Bisamberg suchen und pflücken. „Die zehn Gläser daraus waren ein Highlight", erinnert sich der Meisterkoch, der heute ein sich ständig änderndes Lager mit unzähligen Sorten selbst eingelegter Früchte, Gemüse und Kräuter sein Eigen nennt. Mittlerweile hat er sich längst ein Netzwerk aus Bauern, Gärtnern und Sammlerinnen aufgebaut, das ihm die Konzentration aufs Kochen und Entwickeln neuer Rezepturen ermöglicht. Die Produkte stehen dabei immer im Vordergrund, die Wiener Wurzeln und die Liebe zur französischen Küche bleiben stets erkennbar.

„Jeder kennt sie, keiner macht was damit."

Lieblingspflanzen hat der Meisterkoch keine, denn: „Jede hat ihren Charakter und ihre Eigenheit." Weil Wildpflanzen so wertvoll sind, behandelt man sie automatisch behutsamer als gewöhnliches Gemüse und Kräuter vom Großmarkt, ist Neunkirchner überzeugt. Er schätzt an den Wildpflanzen ihren ganz eigenen Geschmack und ihre besondere Form, die Abwechslung bringen und die man sonst nicht bekommt. Deshalb war klar, dass sein erstes eigenes Kochbuch Wildpflanzen zum Thema haben muss: „Viele Pflanzen in der Umgebung kennt man ohnehin. Das beste Beispiel ist die Brennnessel: Jeder kennt sie, keiner macht was damit. Ich will Anregungen für die kulinarische Verwendung liefern und Zugang zu den Dingen öffnen, die man nicht überall liest." Erstmals gibt er in diesem Buch seine Erfahrung und sein Wissen, was man womit kombinieren kann, preis. Der Meister der Aromen und mittlerweile Herr über eine rund 3.000 Bände umfassende Kochbuchbibliothek mit deutlich französischer Schlagseite wünscht sich auf dieser Grundlage ein freies Spiel mit den Rezepten: „Manchmal schmeckt ein Kraut weniger, manchmal mehr, es ist immer ein anderes Geschmackserlebnis und jedes Jahr anders." Der Umgang mit den ungewöhnlichen Zutaten ist Übungssache, zur Meisterschaft bringt man es wohl nur, wenn man sich täglich damit beschäftigt. Oder die Abkürzung über die Rezepte von Meinrad Neunkirchner nimmt.

Hollerbeere

Wildpflanzen sammeln

Wir können Ihnen das Sammeln der Wildpflanzen, die Sie für jedes der Rezepte in diesem Buch brauchen, nicht abnehmen. Was für ältere Generationen noch selbstverständlich war, nämlich Brenn- von Taubnesseln (die nicht einmal verwandt sind) zu unterscheiden oder den Reifegrad von Hagebutten zwischen Zeigefinger und Daumen zu spüren, müssen wir uns heute wieder mit ein wenig Aufwand und Auslauf erarbeiten. Das macht aber nichts, weil Gehen gesund gegen Stress und Grün gut für die Augen ist. Und für Meinrad Neunkirchners Rezepte lohnt sich der Aufwand ganz gewiss – da müssen Sie uns vorerst vertrauen.

Notieren Sie ihre Fundorte in einer Karte oder direkt im Buch bei der jeweiligen Pflanze, nächstes Jahr werden Sie froh über die Gedächtnisstütze sein.

Mehrere Wege führen zu den essbaren Wildpflanzen:

1. Sie fangen mit den Pflanzen an, die Sie ganz sicher kennen und die sehr häufig (auch im Garten) zu finden sind, z.B. Brennnessel, Holler, Löwenzahn, Beifuß, Spitzwegerich, Taubnessel oder Hagebutten.
2. Sie eröffnen ein Fundbüro und organisieren Sammelwanderungen mit Freundinnen und Freunden oder den lieben Nachbarinnen und Nachbarn – jede und jeder kennt andere Pflanzen, reiche Ernte ist wahrscheinlich und mehr Menschen merken sich mehr Plätze fürs nächste Mal.
3. Sie gehen's langsam an und beobachten eine möglichst artenreiche Wiese über ein Jahr hinweg. Meist weiß man eine Pflanze erst nach der Blüte sicher zu identifizieren. Wenn die Pflanze aber vor der Blüte gesammelt werden soll, ist es gut, sie auch in diesem Stadium zu erkennen. Pflanzenwissen kann man sich nicht erlesen, man kann es sich nur ergehen und erfahren.
4. Sie nehmen an einer Kräuterwanderung – von denen leider noch viel zu wenige angeboten werden – oder an einem Wildpflanzenkurs teil (→ Anhang S. 278), um Pflanzen sicher erkennen zu lernen.
5. Sie haben das Glück, einen Bauernhof in Ihrer Nähe zu kennen, der alte Sorten kultiviert, oder einen Marktstand, der auch wild gesammelte Pflanzen anbietet (→ Anhang S. 277). Spitzenköche wie Meinrad Neunkirchner haben sich über Jahre ein Netzwerk an Lieferanten und Lieferantinnen auch für Wildpflanzen aufgebaut. Was spricht dagegen, das als Vorbild für die private Wildpflanzenversorgung zu nehmen?

Verwechslungsgefahr

Sammeln Sie nur, was Sie ganz sicher aufgrund des Aussehens und evtl. Geruches identifizieren können. Wir empfehlen Ihnen nicht, im Zweifelsfall vom vermeintlichen Waldkerbel zu kosten, weil es sich dabei nämlich auch um den sehr giftigen Gefleckten Schierling handeln könnte. Das ist aber die einzig wirklich gefährliche Verwechslungsmöglichkeit unter unseren 30 Wildpflanzen.

Im Anhang empfehlen wir Ihnen zur Vertiefung des theoretischen Wissens einige Wildpflanzenbücher (→ Anhang S. 279).

Bitte mitnehmen

- Einen Korb, weil die Pflanzen darin nicht zerdrückt werden, und evtl. Papiersäcke, damit mehrere Pflanzen sortenrein transportiert werden können, ohne zu schwitzen. Auch Küchenrolle hat sich zum Einwickeln bewährt.
- Eine Schere und ein scharfes kleines Messer zum sauberen Abschneiden der benötigen Pflanzenteile.
- Einweg-Handschuhe zum Ernten von Brennnesseln (wegen der Brennhaare), nicht zu dicke Gartenhandschuhe für die dornigen Zweige der Herbstfrüchte.
- Den Wildpflanzen-Wegbegleiter, der diesem Buch beiliegt und Ihnen unterwegs Anregung und Hilfe sein soll.

Im Sammeleifer

Es mag selbstverständlich sein, aber wir erwähnen es lieber trotzdem: Wildpflanzen, die auf dem Teller landen sollen, sammelt man nicht an Orten mit starkem Verkehr, neben Autobahnen oder Flughäfen, auch nicht direkt neben Viehweiden, auf landwirtschaftlich genutzten Flächen oder in beliebten Hundeauslaufzonen.

Bedauerlicherweise führt keine Straßenbahn direkt zum Sammelplatz und selbst vom noch so abgelegenen Parkplatz sollte man erst ein paar Minuten ins Grüne gehen, bevor man nach den gewünschten Pflanzen Ausschau hält.

Aus Gründen der Artenvielfalt und weil viele der Wildpflanzen auch Nahrung für andere Lebewesen sind, rupft man die Pflanzen weder mit Wurzel (es sei denn, genau die wird benötigt) aus der Erde noch erntet man Fundorte zur Gänze ab. Nehmen Sie nur jene Pflanzenteile und Mengen, die Sie wirklich brauchen (von manchen Pflanzen wie Brennnesseln, Löwenzahnblüten oder Schlehen brauchen Sie allerdings mehr, als Ihnen während des Sammelns lieb sein könnte) und entfernen Sie Schmutz möglichst schon vor Ort. Je ordentlicher und sauberer Sie sammeln, umso leichter tun Sie sich später in der Küche.

Welche Pflanzen wann zu finden sind, lässt sich nicht einmal für einen genau definierten Ort vorhersagen, weil der Vegetationsverlauf stark von der Witterung abhängt und sich um Wochen vom Vorjahr unterscheiden kann.

Blüten sollten Sie wegen ihres zarten Aromas nur an trockenen Tagen sammeln, bei Blättern ist das nicht so heikel. Feuchte Pflanzen müssen jedoch rasch verarbeitet werden.

Der Saisonkalender soll als Richtschnur dienen, wonach es sich wann im Jahr Ausschau zu halten lohnt.

Saisonkalender

Die Saison unserer ausgewählten Wildpflanzen lässt sich zeitlich nicht auf den Monat – und schon gar nicht auf die Woche – genau festlegen. Wie an diesem Kalender ersichtlich ist, haben wir die Pflanzen den Kapiteln Frühling, Sommer und Herbst nach kulinarischen Kriterien zugeordnet. Die Natur kennt keine fixen Begrenzungen der Jahreszeiten. Je nach Witterung, Vegetation, Höhenlage und Standort kann das ideale Reifestadium der Wildpflanzen stark voneinander abweichen. In folgenden Zeiträumen ist die Wahrscheinlichkeit jedoch groß, dass Sie die jeweiligen Pflanzen bzw. deren Teile in dem für unsere Rezepte benötigten Stadium finden.

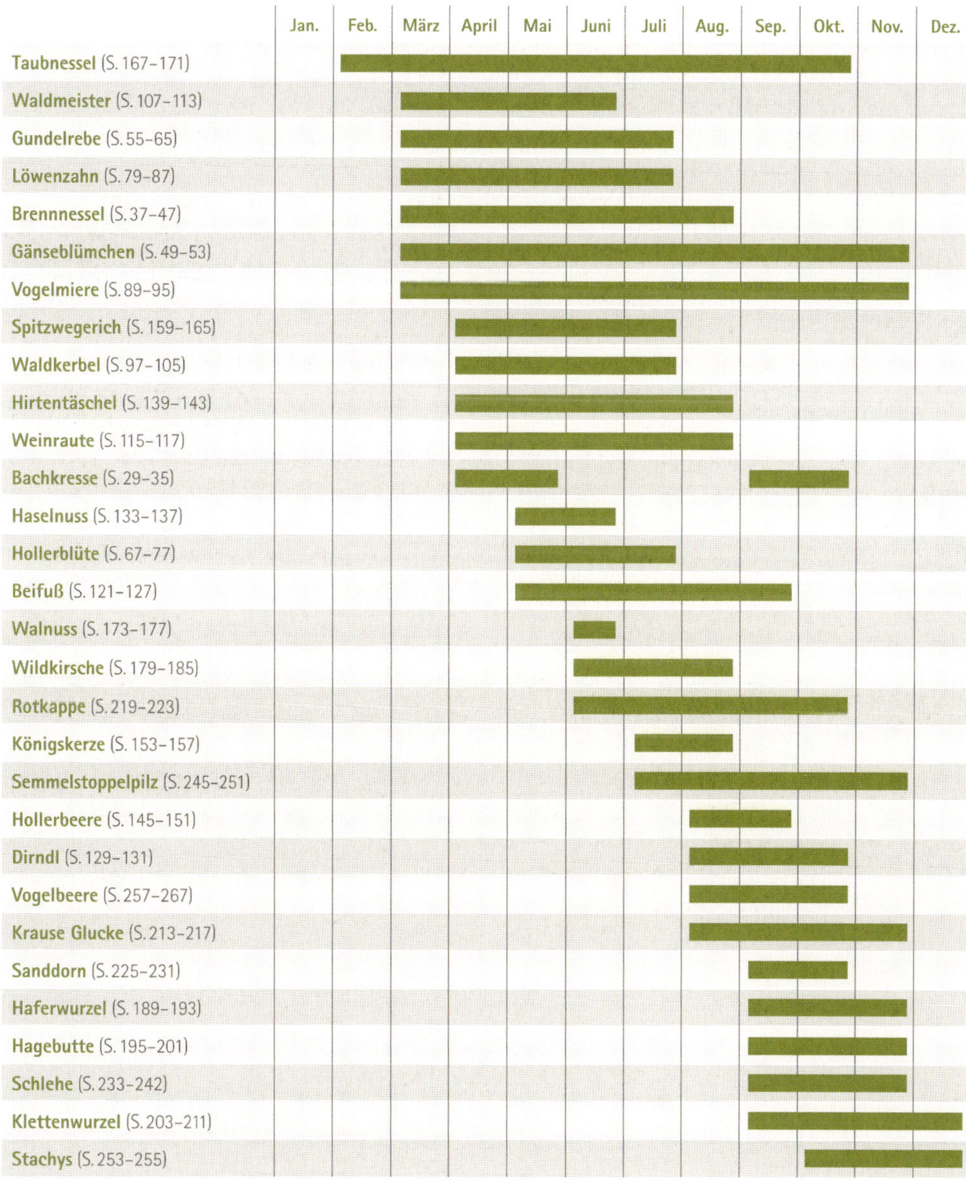

Wildpflanzen verarbeiten

Das größte Kapital der essbaren Wildpflanzen ist nicht ihr Gesundheitsnutzen (der wird frei Haus mitgeliefert), sondern ihr unvergleichlicher Geschmack. Bei der Verarbeitung der gesammelten Kräuter und Blüten, Früchte, Wurzeln und Pilze gilt daher alle Aufmerksamkeit der Bewahrung dieses Geschmackes.

Manche Wildpflanzen wie Vogelmiere oder Taubnessel lassen sich nicht konservieren, andere wie Beifuß oder Klettenwurzel brauchen Trockenheit und Hitze zur Entfaltung ihrer Aromen. Manchen wie Holler und Sanddorn entlockt Säure ungeahnte Kraft, andere wiederum wie Waldmeister oder Weinraute sind von Natur aus so intensiv, dass sie mit Bedacht dosiert werden müssen.

Bei jeder der 30 Wildpflanzen in diesem Buch haben wir vermerkt, wie lange sie bei welcher Temperatur frisch bleibt, wie man sie konservieren kann, was ihr gut tut oder schadet und wie sie am besten zur Geltung kommt.

Waschen Sie Wildpflanzen nur, wenn sie erdig, staubig oder schmutzig sind. Waschen Sie Blüten nach Möglichkeit gar nicht, weil sie sonst ihr zartes Aroma verlieren und wie Gras schmecken. Gegen kleine Insekten hilft oft schon energisches Schütteln der Blüten.

Flüchtige Aromen einfangen

Etwa ein Drittel der Rezepte in diesem Buch dient der Konservierung. Weil Wildpflanzen oft nur kurze Zeit im idealen Reifestadium zu finden sind, kann man viele davon für später oder für den Winter einlegen, trocknen oder auf andere Art konservieren. Meinrad Neunkirchners Rezepte bewahren und intensivieren die Essenz der Pflanzen.

Rexgläser – die mit Gummiring und Bügelverschluss – haben sich zur Bevorratung besonders gut bewährt. Sie sind im Gegensatz zu Plastik geruchsneutral, halten sehr gut dicht, lassen sich stapeln und machen dabei stets eine gute Figur. Zum Verschließen der Gläser haben wir häufig neutralen Wodka (oder anderen Getreidebrand) im Rezept angegeben. Das ist eine Vorsichtsmaßnahme, um den wertvollen Vorrat vor vorzeitigem Verderb zu schützen.

Klare Essigessenz dient als Basis für die angesetzten Blüten-, Frucht- und Kräuteressige. Sie ist neutral und lässt sich einfach auf den gewünschten Säuregrad verdünnen. Wein- oder Obstessig würde den Eigengeschmack der Wildpflanzen beeinträchtigen.

Je weniger Säure, desto mehr Aroma hat der Essig, aber: Je weniger Säure, desto kürzer ist auch seine Haltbarkeit. Selbst angesetzter Essig sollte deshalb im Kühlschrank gelagert werden.

Die Reifezeiten und Lagerbedingungen stehen bei den mit einem Rexglas gekennzeichneten Vorrats-Rezepten dabei. Generell sollen die Öle und Essige, Pasten, Kompotte, Salze und getrockneten Kräuter vor Lichteinfall geschützt und kühl gelagert werden. Dafür eignet sich am besten ein Keller, eine Speisekammer oder zumindest ein nicht zu warmer, dunkler Ort.

Die Haltbarkeit der Vorräte hängt von den verwendeten Zutaten und den Temperaturen beim Abfüllen ab: Essig und Sirup sind ungeöffnet bis zu zwei Jahre lang haltbar, als Faustregel für Kompotte und Pasten gilt der Zeitraum bis zur nächsten Ernte. Öle halten bis zu einem Jahr.

Auch die Haltbarkeit geöffneter Vorräte im Kühlschrank richtet sich nach der Hauptzutat: Die nicht sehr süßen Kompotte sollten innerhalb einer Woche aufgebraucht werden, Öle und mit Öl bedeckte Pasten halten wiederum länger.

Waldkerbel

Kleine Kochkunde

Gute Köche und Köchinnen bestehen auf erstklassigen, frischen Grundprodukten und sind darin – so wie Meinrad Neunkirchner – stur und kompromisslos.

Zutaten

Meinrad Neunkirchners Rezepte basieren – bis auf die namensgebenden Wildpflanzen – auf problemlos erhältlichen Zutaten. Das Sammeln oder auf andere Art Beschaffen der jeweils benötigten wilden Blätter, Blüten, Früchte, Wurzeln oder Pilze erfordert genug Zeit und Planung. Wir wollen Sie daher nicht mit der Suche nach weiteren schwer zu besorgenden Spezereien ärgern. Die sind bei diesen ungewöhnlichen Rezepten ebenso wenig nötig wie teure Luxusprodukte.

Gemüse und Obst sollten reif und unbehandelt sein, am besten aus heimischer oder naheliegender Bio-Landwirtschaft. Eier, Fleisch und Milchprodukte von Tieren aus artgerechter Haltung, nach Möglichkeit im Freien und mit naturbelassenem (Bio-)Futter gefüttert, sind nicht nur aus ethischen Gründen die richtige Wahl – sie haben auch die bessere Konsistenz und den besseren Geschmack.

Butter – bevorzugt Sauerrahmbutter
Dotter – von großen Freilandeiern
Eier – normale bis große Freilandeier
Essigessenz – klare, möglichst ohne Aromen, gibt es z.B. unter dem Markennamen Acetosur in Abholgroßmärkten wie Metro oder AGM
Knoblauch – geschält, wenn nicht anders vermerkt
Kräuter – nur dann waschen, wenn sie schmutzig oder staubig sind
Lorbeerblätter – nach Möglichkeit frischer Lorbeer, die Blätter vor der Verwendung brechen
Muskatnuss – frisch gerieben
Pfeffer – frisch aus der Mühle (je eine Mühle für schwarzen und weißen Pfeffer)
Pflanzenöl – zum Anbraten Raps-, Maiskeim- oder Sonnenblumenöl, wenn keine spezielle Sorte vermerkt
Wein – trockene Weine guter Qualität, *Weißwein:* vorwiegend Riesling, *Rotwein:* Zweigelt oder St. Laurent, *Desserts:* Traminer
Vanillezucker – mit echter Vanille, gekauft oder selbst aus Zucker, der mehrere Wochen mit der Länge nach halbierten Vanilleschoten reifen durfte, hergestellt
Zitronen-, Orangen- und Limettensaft – frisch gepresst
Zitronen-, Orangen- und Limettenschale – von unbehandelten Bio-Früchten
Zwiebel und Schalotten – geschält

Sortenangaben bei Gemüse und Obst sind als Empfehlung, nicht als Muss zu verstehen. Alte Sorten oder Raritäten bringen oft einen besonders feinen Geschmack mit. Die Suche danach (→ Anhang S. 277) lohnt sich daher immer.

Werfen Sie die Flinte nicht ins Kräuterbeet, wenn Sie Meinrad Neunkirchners Vorschläge zum Abrunden und Garnieren der Gerichte lesen. In guten Gärtnereien und auf Marktständen sind alle Kräuter von Ananassalbei über Erdbeerminze bis zu Zitronenverbene erhältlich. Die Aromen dieser zum Teil recht ausgefallenen Kräuter ergänzen die Gerichte und geben ihnen eine besondere Note, sie sind aber kein Muss.

Mise en place

Unter Mise en place wird in der Küchensprache das Bereitstellen aller Zutaten vor dem Kochen verstanden. Messen und wiegen, putzen und schälen, schneiden und hacken Sie die für Ihr Rezept benötigten Zutaten in Ruhe, bevor Sie mit der eigentlichen Zubereitung beginnen. Alle Zutaten stehen dann in der aufgeräumten Küche bereit – das ist auch der Grund, warum man nie genug kleine und mittelgroße Schüsseln haben kann. So eine sorgfältige Vorbereitung schont die Nerven und bewahrt davor, die eine oder andere Zutat zu vergessen.

Unsere Rezepte sind so strukturiert, dass Sie beim Lesen der Zutaten sofort wissen, was Sie wie vorbereiten müssen. Deshalb haben wir auch auf die in Kochbüchern häufig angegebenen Zubereitungszeiten verzichtet: Nur Sie wissen, welche Arbeitsschritte Sie wann in Ihrem Tagesablauf unterbringen können und wie lange Sie dafür brauchen. Wer oft und viel kocht, schneidet schneller. Wer zur Kontemplation kocht, lässt sich mehr Zeit.

Denken Sie auch daran, die Teller vorzuwärmen, wenn Sie dazu die Möglichkeit haben.

Garzeiten

Die Garzeiten sind knapp bemessen. Sie basieren auf nicht kühlschrankkalten Lebensmitteln sowie heißen Herdplatten und vorgeheizten Backrohren. Gemüse und Obst sollen Biss behalten, Fisch glasig und Fleisch je nach Art und Zubereitung rosa oder weich sein. Wichtiger als die von uns angegebenen Gar- und Backzeiten, die nur als Richtschnur dienen und von Herd zu Herd stark abweichen können, sind Ihr Augenmaß und Ausprobieren.

Küchenlatein

Coulis
flüssiges Püree aus Früchten oder Fruchtgemüse (→ Paradeisercoulis S. 34, Sanddorncoulis S. 229, Schlehencoulis S. 236), das als Basis für Saucen dient oder zu Desserts serviert wird

Fond
durch Kochen gewonnener aromatischer, wenig gesalzener Auszug aus Gemüse, Fischkarkassen oder Fleischknochen mit Gemüse und Gewürzen, Basis für viele Suppen und Saucen (→ Grundrezepte Fischfond S. 271, Gemüsefond S. 272, Hühnerfond S. 273)

Jus
stark konzentrierte Essenz, die durch Ablöschen von angeröstetem Fleisch bzw. Knochen samt Gemüse, Kräutern und Gewürzen und anschließendem Reduzieren der Flüssigkeit entsteht, Basis für viele Saucen, die durch ihre natürlichen Bestandteile je nach Konzentration mehr oder weniger stark geliert (→ Grundrezepte Geflügeljus S. 272, Kalbsjus S. 274, Wildjus S. 276)

blanchieren
überbrühen, Lebensmittel kurz in kochendes Wasser tauchen und anschließend rasch abkühlen (meist in Eiswasser) und abtropfen lassen, entweder zum Vorgaren, um sie leichter schälen zu können oder ihre Farbe zu erhalten

glacieren
Fleisch oder Gemüse vor dem Servieren mit z. B. Butter, Honig oder Sirup durch kurzes Schwenken überglänzen

montieren
eine Sauce vor dem Servieren mit einem Schneebesen oder Pürierstab cremig-luftig aufschlagen und binden, meist mit kalter Butter, Obers oder Öl

reduzieren
langsames Kochen bei offenem Deckel, um den Wassergehalt von Flüssigkeiten (wie z. B. Fond, Jus oder Saucen) zu reduzieren, den Geschmack zu konzentrieren und die richtige Konsistenz zu erhalten

zur Rose abziehen
Saucen und Eis-Grundmassen auf Basis von Milchprodukten (Milch, Obers) und Eiern unter Rühren bis knapp unter den Siedepunkt erhitzen, bis eine leichte Bindung entsteht und die Sauce auf einem Holzkochlöffel beim Daraufblasen an die Form einer Rosenblüte erinnert

Küchenösterreichisch

Blunze – Blutwurst
Dampfl – Vorteig
Dotter – Eigelb
Eierschwammerl – Pfifferlinge
Erdäpfel – Kartoffeln
Faschiertes – Hackfleisch
Fisolen – Grüne Bohnen
Germ – Hefe
Hendl – Huhn
Heurige – Frühkartoffeln
Karotte – Möhre
Kohlsprossen – Rosenkohl
Kren – Meerrettich
Marillen – Aprikosen
Melanzani – Aubergine
Obers – (süße) Sahne, Rahm
Palatschinken – Pfannkuchen
Paradeiser – Tomate
Paradeismark – Tomatenmark
Pignoli – Pinienkerne
Polenta – Maisgrieß
Rote/Schwarze/Weiße Ribisel – Johannisbeeren
Rote Rübe – Rote Bete
Rotkraut – Rotkohl
Sauerrahm – Saure Sahne
Staubzucker – Puderzucker
Zeller – Knollensellerie

Bachkresse

Abkürzungen / Maßeinheiten

EL – Esslöffel, Suppenlöffel
TL – Teelöffel, Kaffeelöffel
kg – Kilogramm
g – Gramm
l – Liter
cl – Zentiliter
ml – Milliliter

Mengenangaben

Die Rezepte sind, wenn nicht anders angegeben, für 4 Personen im Rahmen eines Menüs aus zwei bis drei Gängen berechnet. Wenn Sie ein Gericht alleine servieren, reichen die Mengen daher evtl. nur für 2–3 Personen.

Frühling

Bachkresse
Brennnessel
Gänseblümchen
Gundelrebe
Hollerblüte
Löwenzahn
Vogelmiere
Waldkerbel
Waldmeister
Weinraute

Bachkresse

Synonyme: Brunnenkresse, Wasserkresse
Botanischer Name: *Nasturtium officinale*

Bachkresse zählt seit Jahrhunderten zu den beliebtesten Wildpflanzen, besonders in Frankreich und Deutschland. Früher wurde sie auch milchsauer vergoren. Sie wächst an sehr feuchten Stellen und in fließenden Gewässern, z.B. in Gräben, Bächen und Quellen. Sie wuchert und ist daher leicht in größeren Mengen – am besten mit der Schere – zu ernten. Ihre kantigen Stängel sind hohl, was sie vom Bitteren Schaumkraut, das ähnlich aussieht, unterscheidet. Bachkresse sollte wegen möglicher Verunreinigung mit Larven des Großen Leberegels nicht an Gewässern in der Nähe von Kuh- oder Schafweiden gepflückt werden.

Wenn die Blätter nicht zu groß sind und vor der Blüte gesammelt werden, hat die Bachkresse das beste Aroma: würzig-scharf und nur leicht bitter. Im Sommer schmeckt Bachkresse sehr bitter und scharf, im Herbst kann sie aber ein zweites Mal geerntet werden.

Bachkresse passt wegen ihrer frischen Schärfe besonders gut zu gegrilltem Fleisch, speziell vom Holzkohlengrill, wie z.B. Rind und Lamm.

Bachkresse soll feucht transportiert, frisch verwendet und sehr gründlich gewaschen werden. Wenn sie nur ganz kurz gegart wird, behält sie ihr Aroma und ihre Farbe. Bachkresse kann weder getrocknet noch auf andere Art für die Küche konserviert werden.

Alle Rezepte können auch mit Bachkresse vom Markt – wo die Kulturpflanze fast immer als Brunnenkresse bezeichnet wird – zubereitet werden. Wichtig ist auch bei der gekauften Brunnenkresse, auf möglichst kleine Blätter zu achten.

Rezepte mit Bachkresse

Zutaten

- ca. 300 g Tagliatelle (→ Grundrezept Nudelteig S. 275)
- 2 Handvoll geputzte (gewaschene, trockengeschleuderte, von den groben Stängeln befreite) Bachkresse
- 2 EL Olivenöl
- 1 Spritzer Weißwein (z. B. Riesling)
- ca. 1/8 l Obers
- Salz
- weißer Pfeffer aus der Mühle
- 1 Prise Muskatnuss
- evtl. 2 EL geschlagenes Obers

- 4 EL gehobelter Parmesan
- frische Bachkresse zum Garnieren

Tagliatelle mit Bachkresse und Parmesan

Zubereitung

- Tagliatelle in Salzwasser al dente kochen.
- Bachkresse in einem Topf in Olivenöl kurz anschwitzen und mit Weißwein ablöschen. Obers dazugeben, mit Salz, Pfeffer und Muskatnuss würzen und einmal aufkochen. Mit dem Pürierstab mixen.
- Die Tagliatelle beifügen und kurz durchschwenken. Wenn das Gericht cremiger gewünscht wird, geschlagenes Obers unterziehen.
- Auf tiefen Tellern anrichten. Mit gehobeltem Parmesan und Bachkresse garnieren.

Wein

Grauburgunder

Zutaten

20 kleine Paradeiser (z. B. Black Russian und gelbe Kirschparadeiser)

1 Handvoll geputzte (gewaschene, trockengeschleuderte, von den groben Stängeln befreite) Bachkresse

je 1 kleine gelbe und grüne Zucchini, in Scheiben geschnitten

8 Knoblauchzehen, ungeschält

2 EL Olivenöl

Salz

weißer Pfeffer aus der Mühle

Für die Vinaigrette

2 EL Paradeiseressig (oder weißer Balsamico)

Salz

weißer Pfeffer aus der Mühle

1 Prise Staubzucker

2 EL Maiskeimöl

Ananassalbei (oder Bubikopf-basilikum, Ysop, Winterestragon) zum Garnieren

Bachkressesalat mit kleinen Paradeisern

Zubereitung

- Für die Vinaigrette alle Zutaten mit einem Spiralbesen sehr gut verrühren und abschmecken.
- Knoblauchzehen in eine Pfanne legen, mit 1 EL Olivenöl beträufeln und mit Salz und Pfeffer würzen. Im vorgeheizten Backrohr bei ca. 200 °C ca. 5–8 Minuten braten.
- Zucchinischeiben kurz beidseitig in 1 EL Olivenöl anbraten, salzen und pfeffern.
- Paradeiser und Bachkresse mit der Vinaigrette marinieren. Mit den gebratenen Zucchini und Knoblauchzehen anrichten. Mit etwas Vinaigrette beträufeln und mit frischen Kräutern, z. B. Ananassalbei, garnieren.

Wein

Welschriesling oder Traminer

Zutaten

- ca. 800 g geputzte (gewaschene, trockengeschleuderte, von den groben Stängeln befreite) Bachkresse
- 2 Schalotten, klein geschnitten
- 1 Knoblauchzehe, gehackt
- 2 EL Butter
- 1/8 l Obers
- Salz
- weißer Pfeffer aus der Mühle
- 2 EL geschlagenes Obers
- evtl. 1 Spritzer Noilly Prat

Bachkressepüree

Zubereitung

- Schalotten und Knoblauch in einem Topf in Butter anschwitzen. Bachkresse dazugeben und kurz mitschwitzen. Mit Obers auffüllen, mit Salz und Pfeffer würzen und einmal aufkochen.
- Mit dem Pürierstab fein mixen.
- Zum Schluss das geschlagene Obers mit einem Teigschaber vorsichtig unterheben und evtl. mit Noilly Prat abschmecken.

Tipp

Das Bachkressepüree passt zu gebratenem Fisch (z. B. Seeforelle, Lachs, Meeräsche), zu Jakobsmuscheln, aber auch zu Kalbsmedaillons, Kalbsrücken oder Kalbskopf.

Gefüllte Spitzpaprika mit Bachkressebrioche

Zutaten

8 kleinere Spitzpaprika
2 EL Olivenöl, Salz

Für die Fülle

ca. 400 g ungesüßter Brioche (→ Grundrezept S. 270), entrindet, in kleine Würfel geschnitten
Salz, Muskatnuss
ca. 1/8 l lauwarme Milch
1 EL Butter, 1 Ei
4 EL geputzte (gewaschene, trockengeschleuderte, von den groben Stängeln befreite) Bachkresse, klein geschnitten

Für das Paradeisercoulis

1 kg sehr reife Paradeiser, in grobe Stücke geschnitten (z. B. Black Russian oder Bulgarische Fleischtomate)
2 Schalotten, klein geschnitten
2 Knoblauchzehen, in Scheiben geschnitten
4 EL Olivenöl
1 Zweig Pinienrosmarin
1 Zweig Lavendelsalbei
1 Zweig Zitronenthymian
1 frisches Lorbeerblatt, gebrochen
Salz, weißer Pfeffer, 1 Prise Zucker

frische Bachkresse zum Garnieren

Tipp

Das Paradeisercoulis kann auf Vorrat gemacht werden. Dafür heiß in heiß ausgespülte Gläser abfüllen und sofort verschließen. Kühl und dunkel gelagert ist es ca. 1/2 Jahr haltbar. Alternativ das Coulis einfrieren. Das Coulis ist auch Basis für Paradeiserbutter (→ Rezept S. 222).

Wein

Rosé oder Riesling

Zubereitung

- Von den Paprika die Kappen abschneiden, aushöhlen und innen leicht salzen.
- Für die Briochefülle alle Zutaten vermischen und abschmecken.
- Paprika mit der Briochemasse füllen und in einen Bräter legen. Mit Olivenöl beträufeln, salzen und pfeffern. Im vorgeheizten Backrohr bei ca. 190 °C ca. 25 Minuten braten (je nach Größe der Paprika).
- Für das Paradeisercoulis Schalotten und Knoblauch in Olivenöl anschwitzen. Paradeiser, Kräuterzweige und Lorbeer beifügen und kurz mitschmoren. Mit Salz, Pfeffer und Zucker nicht zu intensiv würzen (das Coulis wird durch das Einkochen konzentriert). Langsam bei schwacher Hitze zu püreeartiger Konsistenz einkochen (ca. 1/2 Stunde). Durch ein feines Sieb streichen und abschmecken.
- Paprika mit dem Paradeisercoulis anrichten und mit Bachkresse garnieren.

Brennnessel

Synonyme: Große Brennnessel, Nessel
Botanischer Name: *Urtica dioica*

Die Brennnessel wurde schon in der Antike als Gemüse und Heilpflanze geschätzt. Brennnesseln wachsen auf allen nährstoffreichen, nicht zu trockenen Böden, sind sehr weit verbreitet und fast das ganze Jahr über zu ernten. Die Kleine Brennnessel (Urtica urens) kann genauso verwendet werden. Taubnesselblätter (→ S. 167) sehen zwar ähnlich aus, haben aber keine Brennhaare und viel größere Blüten.

Am besten schmecken Brennnesseln, wenn sie vor der Blüte vom Frühlingsbeginn bis zum Sommer geerntet werden. Brennnesselspitzen (die obersten Blätter) haben das meiste Aroma. Wegen ihrer Brennhaare pflückt und zupft man Brennnesseln mit Handschuhen. Die Brennhaare werden in der Küche beim Waschen, Zerkleinern, Garen oder Trocknen zerstört.

Brennnesseln schmecken herb-würzig und ganz leicht säuerlich, ihr Aroma bleibt erhalten, wenn sie nur kurz gegart werden. Sie können wie Spinat zubereitet werden.

Brennnesseln sollten frisch verarbeitet werden.

Rezepte mit Brennnessel

Zutaten

- 2 kleinere Huchen (à ca. 400 g)
- Salz
- Zitronensaft
- 4 EL getrocknete Brennnessel (→ Rezept S. 46)
- 4 Zweige Orangenthymian
- 4 EL Olivenöl
- 2 junge Knoblauchknollen, halbiert

- 4 Handvoll geputzter, gewaschener, kleiner roter Mangold
- 1 EL braune Butter (Butter in einem Topf erhitzen, bis sie haselnussbraun ist und duftet)
- Salz
- weißer Pfeffer aus der Mühle

Für die Sauce

- 2 Schalotten, klein geschnitten
- 1/8 l trockener Riesling
- 1/16 l Noilly Prat
- 1/4 l Fisch- oder Gemüsefond (→ Grundrezepte S. 271 und 272)
- 1/8 l Obers
- Salz
- Zitronensaft
- 1 Handvoll geputzte, gewaschene, klein geschnittene Brennnesselblätter
- 2 EL kalte Butter

- frische, zarte Brennnesselblätter zum Garnieren, gewaschen und trockengeschleudert (wegen der Brennhaare)

- 3 Jungzwiebeln, in kleine Ringe geschnitten

Tipp

Heurige passen gut dazu.

Wein

Riesling oder würziger Grüner Veltliner, z. B. Weinviertel DAC

Brennnesselhuchen mit Brennnesselsauce

Zubereitung

- Huchen mit Salz und Zitronensaft würzen. In die Bauchseite getrocknete Brennnessel und Orangenthymianzweige füllen.
- Olivenöl in einem Bräter erhitzen, Huchen einlegen, die halbierten Knoblauchknollen dazugeben und beides kurz anbraten. Im vorgeheizten Backrohr bei ca. 200 °C ca. 8–10 Minuten (je nach Größe der Fische) garen. Währenddessen einmal wenden.
- Mangold in brauner Butter durchschwenken und mit Salz und Pfeffer würzen.
- Für die Sauce Schalotten, Riesling und Noilly Prat aufkochen und auf ca. die Hälfte reduzieren. Fond und Obers beifügen und wieder auf etwa die Hälfte reduzieren. Mit Salz und Zitronensaft würzen. Brennnesselblätter beifügen, vom Herd nehmen und ungefähr 5 Minuten ziehen lassen. Sauce abseihen und kalte Butter mit dem Pürierstab einmixen.
- Die Sauce extra anrichten und mit frischen Brennnesselblättern garnieren.
- Huchen mit Knoblauch und Mangold auf einer Platte anrichten, mit den rohen Jungzwiebeln bestreuen und mit dem Bratöl vom Fisch beträufeln.
- Die Brennnesselsauce dazu servieren.

Rosa Kalbstafelspitz mit Brennnesselspinat

Zutaten

- 1 Kalbstafelspitz (ca. 600–700 g)
- Salz
- 3 EL Olivenöl
- 2 Zweige Muskatellersalbei

Für den Brennnesselspinat

- 3 Handvoll geputzte, gewaschene Brennnesselblätter
- 1 Handvoll Bärlauch (oder 2 gehackte Knoblauchzehen)
- 3 Handvoll geputzter, gewaschener Blattspinat
- 2 EL braune Butter (Butter in einem Topf erhitzen, bis sie haselnussbraun ist und duftet)
- Salz
- 1 Prise Muskatnuss
- 2 EL geschlagenes Obers

Für die Sauce

- 2 Schalotten, klein geschnitten
- 1/8 l roter Portwein
- 1/8 l Zweigelt
- 1 Prise Zucker
- 1/4 l Kalbsjus (→ Grundrezept S. 274)
- Salz
- schwarzer Pfeffer aus der Mühle

Für den Erdäpfelschmarren

- 500 g speckige Erdäpfel, in der Schale gekocht und geschält
- 1 Zwiebel, klein geschnitten
- 2 EL Pflanzenöl (z. B. Rapsöl)
- 1 TL Butter, Salz
- 1 Prise gemahlener Kümmel

- grobes Meersalz zum Bestreuen
- Petersilienblüten zum Garnieren

Wein

kräftiger Weißburgunder oder Zweigelt

Zubereitung

- Kalbstafelspitz salzen und in Olivenöl beidseitig scharf anbraten. Mit der Fettseite nach oben auf ein Blech legen und mit Muskatellersalbeizweigen belegen. Im vorgeheizten Backrohr bei ca. 80–90 °C ca. 2,5 Stunden garen (Kerntemperatur ca. 54–56 °C).
- Brennnesselblätter, Bärlauch (oder Knoblauch) und Blattspinat in einem Topf in brauner Butter anschwitzen. Mit Salz und Muskatnuss würzen und kurz dämpfen (die Feuchtigkeit vom Waschen der Blätter reicht dafür aus). Mit dem Pürierstab fein mixen. Das geschlagene Obers mit einem Teigschaber vorsichtig unterheben und abschmecken.
- Für die Sauce Schalotten, Portwein, Zweigelt und Zucker um ca. drei Viertel (auf ca. 1/16 l) reduzieren. Kalbsjus dazugeben und nochmals ca. 5 Minuten kochen lassen. Mit Salz und Pfeffer würzen. Durch ein feines Sieb abseihen.
- Erdäpfel mit einer Gabel oder einem Erdäpfelstampfer zerdrücken. Mit der Zwiebel in Pflanzenöl und Butter unter öfterem Wenden goldbraun rösten. Mit Salz und Kümmel abschmecken.
- Kalbstafelspitz in nicht zu dünne Scheiben schneiden. Brennnesselspinat auf Tellern verteilen und mit dem Kalbstafelspitz belegen. Mit der Sauce umgießen, mit Erdäpfelschmarren anrichten, mit Meersalz bestreuen und mit Petersilienblüten garnieren.

Zutaten

- 2 Handvoll geputzte, gewaschene Brennnesselblätter
- 1 Handvoll geputzte Borretschblätter
- 2 EL Traubenkernöl
- 1 TL Butter
- 2 Jungzwiebeln, klein geschnitten
- 1/2 l Gemüsefond (→ Grundrezept S. 272)
- Meersalz
- 1 Prise Koriandersamen, im Mörser zerstoßen
- ca. 1/8 l Crème fraîche

- Borretschblüten zum Garnieren

Brennnessel-Borretsch-Suppe

Zubereitung

- Brennnessel und Borretschblätter in einem Topf in Traubenkernöl und Butter anschwitzen. Jungzwiebel beifügen und kurz mitschwitzen. Mit Gemüsefond auffüllen und ca. 1–2 Minuten köcheln lassen.
- Mit Meersalz und Koriander würzen. Die Crème fraîche beifügen. Die Suppe mit dem Pürierstab mixen, abseihen und abschmecken.
- Die Suppe in Schalen anrichten und mit Borretschblüten garnieren.

Tipp

Die Suppe schmeckt lauwarm am besten.

Zutaten

- ca. 300 g Risottoreis
- 1 weiße Zwiebel, klein geschnitten
- 2 EL Butter
- 1/8 l kräftiger Grüner Veltliner
- Salz
- schwarzer Pfeffer aus der Mühle
- ca. 3/4 l Hühner- oder Gemüsefond (→ Grundrezepte S. 273 und 272)
- 2 EL grob geriebener Parmesan oder getrockneter Mozzarella (Scamorza)
- 3 EL grob gehackte geputzte und blanchierte Brennnesselblätter
- 2 EL Brennnesselpaste (→ Rezept S. 45)

frische Kräuter zum Garnieren (z. B. Borretschblüten, Taubnesselblüten, Thaibasilikum, Ananassalbei), evtl. in feine Streifen geschnitten

Überbackener Brennnesselrisotto

Zubereitung

- Weiße Zwiebel in einem Topf in Butter anschwitzen, Reis beifügen und kurz glasig rösten.
- Mit Grünem Veltliner ablöschen und kurz reduzieren. Mit Salz und Pfeffer würzen. Nach und nach mit Fond auffüllen und bei kleiner Flamme cremig kochen, dabei öfter umrühren.
- Zum Schluss den Käse, die gehackten Brennnesselblätter und die Brennnesselpaste einrühren. In tiefen Tellern anrichten. Im Backrohr bei starker Oberhitze kurz überbacken. Mit frischen Kräutern garnieren.

Wein

Grüner Veltliner oder Chardonnay

Zutaten für ca. 6 Rexgläser à 250 ml

- 3 kg gezupfte, gewaschene Brennnesselblätter (am besten die Spitzen)
- 2 Handvoll Bärlauch oder 5 in Scheiben geschnittene Knoblauchzehen
- 1 EL grobes Meersalz
- 5 Pimentkörner, im Mörser zerstoßen
- 1 gestrichener TL geschroteter schwarzer Pfeffer
- ca. 1/2 l kalt gepresstes Distelöl

Brennnesselpaste

Zubereitung

- Brennnesselblätter in Salzwasser kurz blanchieren. In Eiswasser abkühlen, abseihen, abtropfen lassen und ausdrücken.
- Mit den restlichen Zutaten vermischen und mit dem Pürierstab zu einer cremigen Paste mixen. Für eine etwas flüssigere Paste den Ölanteil um ca. 1/8 l Öl erhöhen. In Rexgläser abfüllen, mit einigen Tropfen Öl bedecken und verschließen.

Lagerung & Haltbarkeit

Die Paste kann sofort verwendet werden. Im Kühlschrank aufbewahrt und die Oberfläche immer mit Öl bedeckt ist sie ca. 3–4 Monate haltbar.

Verwendung

Brennnesselpaste eignet sich für Kräutersaucen und Kräutersuppen, zum Abschmecken von Vinaigrette (→ Grundrezept S. 275), zum Verfeinern von Pasta und Risotto (→ Rezept S. 44), zum Beizen von rohem Fisch (z. B. Lachsforelle, Seesaibling).

Getrocknete Brennnessel

Brennnesselspitzen abschneiden, zu kleinen Büscheln formen und mit Spagat binden. An einem trockenen Ort aufhängen und je nach Witterung ca. 3–4 Wochen trocknen lassen. Blätter anschließend von den Stängeln rebeln und in gut schließenden Dosen oder Gläsern lichtgeschützt und trocken aufbewahren.

Verwendung für Fisch (→ Rezept S. 38), als Zutat für Gewürzsalz, zum Verfeinern von Nudelteig (→ Grundrezept S. 275, siehe unten) – dafür 100 g getrocknete Brennnessel mit den Fingern oder mit einem Cutter (Moulinette) fein zerkleinern und unter den Nudelteig kneten, zum Garnieren von Fisch (z. B. Karpfen) und Fleisch (z. B. Lamm, Rind, Kaninchen).

Brennnesselnudeln mit Senf und grünem Pfeffer

Zutaten ca. 300 g Brennnesselnudeln (siehe oben, zu Tagliatelle geschnitten) • Salz • schwarzer Pfeffer aus der Mühle • 1–2 EL scharfer Senf (feiner oder grober Dijonsenf) • 1 EL eingelegte grüne Pfefferkörner, grob zerdrückt • 1/8 l Gemüsefond (→ Grundrezept S. 272) • 2 EL geschlagenes Obers • 2 EL fein geschnittener Schnittlauch

Brennnesselnudeln in Salzwasser al dente kochen. Mit Pfeffer, Senf, grünem Pfeffer und Gemüsefond durchschwenken. Abschmecken und geschlagenes Obers unterziehen. Auf tiefen Tellern anrichten und mit Schnittlauch bestreuen.

Wein Welschriesling

Gänseblümchen

Synonyme: Maßliebchen, Tausendschön
Botanischer Name: *Bellis perennis*

Gänseblümchen sind auf sonnigen Wiesen vom Frühjahr bis in den Herbst, oft das ganze Jahr über, zu finden. Sie treten massenhaft auf, deshalb lässt sich der Gänseblümchensirup ohne langes Suchen einfach herstellen. Am besten die noch nicht ganz geöffneten Gänseblümchenblüten sammeln.

Gänseblümchen schmecken zart nussig bis leicht bitter.

Gänseblümchen sollten frisch verwendet werden, roh oder ganz kurz knusprig frittiert. Wie alle Blüten nicht waschen, weil sie sonst ihr Aroma verlieren.

Rezepte mit Gänseblümchen

Zutaten

2 rote Spitzpaprika

2 reife Paradeiser (z. B. Black Russian oder German Gold)

1 Handvoll zarte Fisolen, der Länge nach halbiert, blanchiert

2 Jungzwiebeln, in schräge Scheiben geschnitten

1 Handvoll geputzter Rucola

Für die Vinaigrette

1 EL weißer Balsamico

1 EL Gänseblümchensirup (→ Rezept S. 52)

Salz

1 Prise weißer Pfeffer aus der Mühle

2 EL kalt gepresstes Traubenkernöl

frische Gänseblümchenblüten zum Garnieren

Tipp

Den Salat kann man auch mit knusprigen Gänseblümchenblüten servieren. Dafür Gänseblümchenblüten durch versprudeltes Ei ziehen, in griffigem Mehl wenden, in heißem Pflanzenöl knusprig frittieren und auf Küchenrolle gut abtropfen lassen.

Getränk

Sauvignon Blanc, Muskateller oder frisch gepresster Gemüsesaft aus z. B. Karotte, roter Rübe, Apfel, Birne

Gemüsesalat mit Gänseblümchen

Zubereitung

- Für die Vinaigrette alle Zutaten mit einem Spiralbesen sehr gut verrühren und abschmecken.
- Spitzpaprika auf Alufolie auf einen Rost legen. Im vorgeheizten Backrohr bei ca. 200 °C etwa 10 Minuten garen, bis sich die Haut vom Fruchtfleisch zu lösen beginnt. Paprika herausnehmen, die Haut abziehen, halbieren und entkernen.
- Paradeiser in Scheiben schneiden und mit den restlichen Zutaten vermischen. Mit der Vinaigrette marinieren und dekorativ auf Tellern anrichten. Mit etwas Vinaigrette beträufeln und mit Gänseblümchenblüten garnieren.

Gänseblümchensirup

Zutaten für ca. 1 l Sirup 2 kg Gänseblümchenblüten(ohne Stängel), ungewaschen • 1 unbehandelte Bio-Limette, in Scheiben geschnitten • ca. 200 g weißer Kandiszucker • ca. 4 EL Akazienhonig • 1 Zweig Zitronenverbene • ca. 3 l Wasser • evtl. zusätzlicher Zucker

Gänseblümchenblüten mit Limettenscheiben, Kandiszucker, Akazienhonig und Zitronenverbene in einem ausreichend großen Topf mit dem kalten Wasser bedecken. Bei schwacher Hitze langsam einmal aufwallen lassen. Den Schaum abschöpfen und bei kleiner Flamme auf ca. die Hälfte der Flüssigkeit reduzieren (entspricht ca. 1,5 l). Die Flüssigkeit durch ein feines Tuch in einen Topf abseihen und leicht ausdrücken. Zu einer sirupartigen Konsistenz einkochen. Zum Schluss evtl. mit Zucker etwas nachsüßen. Heiß in Rexgläser abfüllen und verschließen.

Lagerung & Haltbarkeit Der Sirup kann sofort verwendet werden. An einem kühlen, dunklen Ort (Speisekammer oder Keller reicht) ist er mindestens 1 Jahr haltbar.

Verwendung Gänseblümchensirup eignet sich sehr gut zum Glacieren von Karotten oder Wurzelgemüse, für Vinaigrette (→ Grundrezept S. 275, Rezept S. 50), zum Marinieren und Glacieren von Hühnerbrust, für Desserts, zum Süßen von Erdbeeren und Cremen.

Gundelrebe

Synonyme: Erd-Efeu, Gundermann
Botanischer Name: *Glechoma hederacea*

Gundelrebe war wegen ihres kräftigen Geschmacks früher ein beliebtes Gewürz und wurde auch zum Bierbrauen verwendet. Ihre Verwandtschaft mit Minze, Salbei und Thymian ist unverkennbar. Gundelrebe kann man von Frühjahr bis Sommer ernten, sie kommt in größeren Mengen an nährstoffreichen, eher feuchten Wald- und Wiesenrändern vor. Auch ihre violetten Blüten sind essbar.

Gundelrebe hat ein kräftig würzig-herbes, leicht balsamisch-harziges Aroma und ist dadurch vielseitig verwendbar, sowohl roh, als auch getrocknet oder kandiert. Zum Kandieren verwendet man die größeren Blätter im Sommer.

Gundelrebe hält im Kühlschrank ein paar Tage.

Rezepte mit Gundelrebe

Zutaten

Für die Essenz

2 Handvoll gewaschene Gundelrebe
ca. 1 l Wasser
4–5 weiße Pfefferkörner
1 kleines Stück Macis (Muskatblüte)
einige Korianderkörner (ca. 1/2 TL)
2–3 Pimentkörner
1 frisches Lorbeerblatt, gebrochen
Salz

Für das Klärfleisch

ca. 200 g grob faschiertes mageres Kalbfleisch
2 EL grob geschnittene Gundelrebe
ca. 4 Eiweiß

Für die Polentaknöderl

1/4 l Milch
Salz
1 Prise Muskatnuss
60 g Butter
70 g Polenta (nicht zu feiner Maisgrieß)
1 Dotter

frische Gundelrebe zum Garnieren

Gundelrebenessenz mit Polentaknöderln

Zubereitung

- Gundelrebe in einem Topf mit dem kalten Wasser bedecken. Gewürze beifügen, einmal aufkochen und ca. 30 Minuten ziehen lassen. Suppe abseihen und erkalten lassen (am besten im Kühlschrank).
- Kalbfleisch mit Gundelrebe und Eiweiß vermischen. Suppe am besten in einen beschichteten Topf geben, Klärfleisch dazugeben, gut verrühren und die Suppe bei kleiner Flamme langsam unter öfterem Rühren einmal aufwallen lassen. (Wenn sich der Kuchen bildet – das Klärfleisch stockt –, nicht mehr umrühren, sonst wird die Essenz wieder trüb.)
- Die Essenz auf kleiner Flamme 30 Minuten ziehen lassen. Danach die Essenz mit einem Schöpflöffel vorsichtig durch ein feines Tuch abseihen und abschmecken.
- Für die Polentaknöderl in einem kleinen Topf Milch, Salz, Muskatnuss und Butter einmal aufkochen. Polenta einrühren und auf kleiner Flamme unter ständigem Rühren so lange kochen, bis sich die Masse vom Topfboden löst. Kurz überkühlen lassen. Den Dotter unterrühren. Kleine Knöderl formen, in kochendes Salzwasser einlegen und ca. 7 Minuten ziehen lassen.
- Die Essenz mit den Knöderln anrichten und mit frischer Gundelrebe garnieren.

Tipp

Essenz serviert man in kleinen Mengen, maximal 100 ml pro Person.

Gundelrebenbrot

Zutaten für 2 Laibe

- 1,2 kg griffiges Weizenmehl
- 400 ml warmes Wasser
- 1 TL Zucker
- 1 Würfel frische Germ (42 g)
- 400 ml Sauermilch
- 100 g weiche Butter
- 100 g feiner Weizengrieß
- 2–3 TL Salz
- ca. 4 EL gerebelte getrocknete Gundelrebe (→ Rezept S. 62)

Zubereitung

- In einer großen Rührschüssel Zucker und Germ im warmen Wasser auflösen, mit ein wenig Mehl (von den 1,2 kg) zu einer dickbreiigen Masse rühren (Dampfl), mit etwas Mehl bestauben. Mit einem sauberen Geschirrtuch zudecken. Ca. 20–30 Minuten gehen lassen, bis sich die Masse etwa verdoppelt.
- Restliches Mehl mit Salz, Sauermilch, weicher Butter, Grieß und Gundelrebe mit dem Dampfl zu einem glatten Teig verkneten, am besten mit den Händen. Den Teig wieder in die Schüssel geben, mit dem Geschirrtuch zudecken und ca. 1 Stunde gehen lassen.
- Teig dritteln, ein Drittel davon halbieren. Aus den beiden großen Stücken jeweils eine Kugel formen, in der Mitte eine kleine Vertiefung formen. Die zwei kleineren Stücke jeweils zu Kugeln formen und in die Vertiefung der größeren Stücke setzen. Auf ein Blech mit Backpapier setzen, ca. 30–35 Minuten zugedeckt gehen lassen.
- Ins kalte Backrohr schieben, auf 200 °C aufdrehen und ca. 50–60 Minuten backen. (Durch das langsame Erwärmen des Backrohres geht der Teig besonders gut auf.) Auf ein Gitter setzen und ganz abkühlen lassen.

Tipp

Das Gundelrebenbrot kann man in größeren Mengen herstellen, sofort nach dem Auskühlen in Klarsichtfolie wickeln und einfrieren. So ist es maximal 2 Monate haltbar. Nach dem Auftauen kurz im heißen Backrohr aufbacken.

Verwendung

Gundelrebenbrot passt durch die Würze sehr gut zu Antipasti (z. B. zu eingelegter Krauser Glucke, → Rezept S. 216), zu Speck, zu würziger Wurst und frischem Ziegen- oder Schafkäse, zu Kräuterkäse wie Brin d'Amour. Für überbackenes Brot die Scheiben toasten, mit Gemüsepaste (z. B. aus Kürbis, Pastinaken, Paradeisern, Melanzani, Zucchini) bestreichen, mit Mozzarella belegen, mit Olivenöl beträufeln, im heißen Backrohr kurz überbacken.

Zutaten

- 4 Entrecôtes vom Rind (à ca. 170 g)
- 2 gelbe Zucchini, der Länge nach in Scheiben geschnitten
- evtl. einige Knoblauchzehen, ungeschält und mit dem Messerrücken zerdrückt
- 1 EL klein geschnittene Gundelrebe
- Salz
- schwarzer Pfeffer aus der Mühle
- 3 EL Olivenöl
- 2 EL Butter

Für den Gundelrebenjus

- 2 Schalotten, klein geschnitten
- 1/8 l weißer Portwein
- 1/8 l St. Laurent
- 1/4 l Kalbsjus (→ Grundrezept S. 274)
- 4 Zweige Gundelrebe
- Salz
- schwarzer Pfeffer aus der Mühle

gezupfte Gundelrebenblätter zum Garnieren

Rinderrücken mit Gundelrebenjus und gebratenen Zucchini

Zubereitung

- Für den Jus Schalotten mit Portwein und St. Laurent auf ca. die Hälfte reduzieren. Kalbsjus beifügen und etwas einkochen lassen. Die Gundelrebenzweige dazugeben und ca. 10 Minuten ziehen lassen. Mit Salz und Pfeffer würzen. Abseihen und abschmecken.
- Entrecôtes salzen und pfeffern. In 1 EL Olivenöl und der Butter beidseitig langsam (ca. 2–3 Minuten) anbraten. Evtl. Knoblauchzehen mitbraten. Entrecôtes ca. 5–6 Minuten zugedeckt rasten lassen.
- Zucchini in einer beschichteten Pfanne mit 2 EL Olivenöl beidseitig hellbraun braten. Mit Salz und Pfeffer würzen, die geschnittene Gundelrebe beifügen und kurz durchschwenken.
- Entrecôtes mit den Zucchini anrichten, mit dem Gundelrebenjus umgießen und mit etwas Gundelrebe garnieren.

Tipp

Dazu passen in Olivenöl mit Gundelrebe gebratene kleine Heurige.

Wein

St. Laurent oder Blaufränkisch

Gundelreben-Gewürzsalz

Zutaten für ca. 500 g Salz 500 g grobes Salz (für Fisch: Meersalz) • 4 EL fein gerebelte getrocknete Gundelrebe (siehe unten) • 1 EL schwarze Pfefferkörner, im Mörser zerstoßen 1 EL braune Fenchelsamen, im Mörser zerstoßen • 1 TL Macis (Muskatblüte), im Mörser zerstoßen • 1 TL fein gehackte eingelegte, getrocknete Zitronenschale (siehe unten)

Alle Zutaten für das Salz vermischen, in Rexgläsern aufbewahren.

Lagerung & Haltbarkeit Das Gewürzsalz kann sofort verwendet werden. In geschlossenen Rexgläsern ist es ca. 1 Jahr bei vollem Aroma haltbar. Selbstverständlich kann es aber länger verwendet werden.

Verwendung Gundelreben-Gewürzsalz passt zu Fisch (→ Rezept S. 63), hellem Fleisch, zum Würzen der Butter auf dem Brot, für Aufstriche (z. B. mit Frischkäse oder Topfen).

Getrocknete Gundelrebe

Gundelrebe zupfen und auf einem Blech oder Tablett flach aufbreiten. An einem warmen Ort (z. B. Fensterbank) ca. 14 Tage trocknen lassen. Anschließend unzerkleinert in gut schließenden Dosen oder Gläsern lichtgeschützt und trocken aufbewahren.

Eingelegte Zitronenschalen

10 unbehandelte Bio-Zitronen halbieren und den Saft auspressen (der Saft wird für dieses Rezept nicht benötigt). 1/2 l Wasser mit 2–3 EL Meersalz aufkochen. Ausgepresste Zitronenhälften und evtl. 3–4 Zweige Zitronenthymian dazugeben. Einmal gut aufkochen und Zitronen sofort in heiß ausgespülte Gläser verteilen. Mit dem heißen Sud auffüllen und sofort verschließen. An einem kühlen, dunklen Ort mindestens 4 Wochen ziehen lassen. So gelagert sind eingelegte Zitronenschalen 1 Jahr haltbar.

Verwendung Man schält die Schale ab und hackt sie und verwendet sie zum Verfeinern von Saucen, Füllen und für Vinaigrette (→ Grundrezept S. 275) oder zum Aromatisieren von Olivenöl. Für das Gundelreben-Gewürzsalz die Schale von 2 Hälften abschälen, auf ein Backpapier geben, bei Zimmertemperatur oder im leicht geöffneten Backrohr bei 80 °C für ca. 3 Stunden trocknen.

Zutaten

- 4 Goldbrassenfilets (à ca. 120 g)
- Gundelreben-Gewürzsalz (→ Rezept S. 62)
- 1 Spritzer Limettensaft
- 2 grüne Paradeiser (reife, feste Green Zebras), in Scheiben geschnitten
- 3 EL Olivenöl

Für die Schalottenbutter

- 1/4 l Obers
- ca. 3 Schalotten, klein geschnitten
- 1 Knoblauchzehe, in Scheiben geschnitten
- Salz
- weißer Pfeffer aus der Mühle
- 1 Spritzer Zitronensaft
- 1 Spritzer Worcestersauce
- 60 g kalte Butter, in Stücke geschnitten

- 2 EL gezupfte Ringelblumenblüten, Gundelrebenblätter und Chilifäden zum Garnieren
- evtl. etwas Gundelreben-Gewürzsalz zum Bestreuen

Goldbrasse mit grünen Paradeisern und Gundelreben-Gewürzsalz

Zubereitung

- Für die Schalottenbutter Obers in einem Topf mit Schalotten, Knoblauch und Gewürzen einmal aufkochen. Vom Herd nehmen und die kalte Butter nach und nach mit einem Spiralbesen einrühren. Erkalten lassen, damit Schalotten und Gewürze ihr Aroma entfalten können. Abseihen, abschmecken und langsam lauwarm erwärmen.
- Goldbrassenfilets mit Gundelreben-Gewürzsalz und Limettensaft würzen. Auf der Hautseite in einer beschichteten Pfanne in Olivenöl knusprig braten. Mehrmals Bratfett mit einem Löffel über den Fisch gießen. Am Schluss Paradeiser kurz mitbraten.
- Goldbrassenfilets mit den Paradeisern anrichten, mit Ringelblumenblüten, Gundelrebenblättern und Chilifäden garnieren. Evtl. mit etwas Gundelreben-Gewürzsalz bestreuen. Mit Schalottenbutter servieren.

Tipp

Die Schalottenbutter kann gemeinsam mit dem Paradeiser-coulis (→ Rezept S. 34) für Paradeiserbutter (→ Rezept S. 222) verwendet werden.

Wein

Rotgipfler

Kandierte Gundelrebe

Zutaten für 30 kandierte Gundelrebenblätter

30 größere Gundelrebenblätter, ungewaschen
1 Eiweiß
Staubzucker
evtl. etwas Vanillezucker

Zubereitung

- Gundelrebenblätter auf Backpapier legen. Auf der Oberseite mit Eiweiß dünn bepinseln und mit Staubzucker (evtl. mit Vanillezucker gemischt) dünn besieben. Im Backrohr bei ca. 80–90 °C ca. 3–4 Stunden trocknen.
- Gundelrebenblätter weiterverarbeiten oder in gut schließenden Dosen aufbewahren.

Lagerung & Haltbarkeit
In gut schließenden Dosen mit Backpapier getrennt aufbewahren. So bleiben die kandierten Gundelrebenblätter mindestens 2 Monate knusprig.

Verwendung
Kandierte Gundelrebe eignet sich zum Dekorieren von Desserts wie Karamellsüppchen (→ Rezept S. 65), Cremen und Parfaits oder statt Teegebäck zum Tee.

Zutaten

250 g Kristallzucker
1 EL kalte Butter
4 cl Cointreau
1/2 l Obers

8 kandierte Gundelrebenblätter
(→ Rezept S. 64)

Karamellsüppchen mit kandierter Gundelrebe

Zubereitung

- Zucker in einem Topf mit ebenem Boden langsam zu Karamell schmelzen. Kalte Butter dazugeben und kurz aufschäumen. Mit Cointreau ablöschen, mit Obers auffüllen und ca. 10 Minuten unter öfterem Rühren langsam köcheln lassen. Durch ein feines Sieb passieren. Auskühlen lassen und kalt stellen. Tassen oder Schalen zum Servieren ebenfalls im Kühlschrank kühlen.
- Das Süppchen vor dem Servieren mit dem Pürierstab kurz aufmixen.
- Süppchen in gekühlten Tassen oder Schalen anrichten, mit kandierter Gundelrebe garnieren und sofort servieren.

Tipp

Frische Himbeeren oder rote Ribisel als Einlage geben.

Hollerblüte

Synonyme: Holunder, Schwarzer Holunder
Botanischer Name: *Sambucus nigra*

Holler wird nachweislich schon seit der Steinzeit genützt. Die weit verbreiteten hohen Sträucher wachsen in Gebüschen, an Waldrändern, rund um Bauernhöfe und auf Schuttplätzen. Im Frühjahr finden die winzigen weißen bis hellgelben Hollerblüten, die in großen Dolden wachsen, Verwendung, später im Sommer die Beeren (→ S. 145).

Holler kann mit Attich (Zwerg-Holunder) und Rotem Holunder (Trauben-Holunder) verwechselt werden, die jedoch beide viel kleiner sind. Die violetten Staubbeutel des Attichs unterscheiden sich deutlich von den gelben des Hollers. Attich riecht unangenehm und gilt als giftig. Die Blüten des Roten Holunders werden nicht verwendet.

Hollerblüten haben ein intensives fruchtig-süßliches Aroma, das an Muskateller erinnert. Sie eignen sich sehr gut für Desserts, Sirup und Essig und geben den Speisen einen unverkennbaren Duft.

Hollerblüten sollten an trockenen Tagen gepflückt und am selben oder spätestens am nächsten Tag verarbeitet werden. Wie alle Blüten nicht waschen, weil sie sonst ihr Aroma verlieren. Kleine Insekten entfernt man besser durch energisches Abschütteln.

Rezepte mit Hollerblüte

Hollerblütenessig

Zutaten für 1 l

1 l verdünnter Essig (Klare Essigessenz mit Wasser auf ca. 2 Prozent Säure verdünnen – siehe Flaschenetikett –, das entspricht etwa dem halben Säuregehalt handelsüblichen Essigs.)

3 Handvoll gepflückte Hollerblütendolden, eher gegen Ende der Blütezeit geerntet (intensiver im Geschmack), auf keinen Fall gewaschen

Zubereitung

- Hollerblütendolden mit dem verdünnten Essig vermischen und in ein großes Rexglas füllen. Zugedeckt an einem kühlen, dunklen Ort ca. 6 Wochen stehen lassen.
- Den Essig durch ein feines Tuch abseihen, in Flaschen füllen.

Lagerung & Haltbarkeit

An einem kühlen Ort (am besten im Kühlschrank) aufbewahren. So gelagert ist der Essig ca. 1 Jahr haltbar.

Verwendung

Hollerblütenessig passt zu allen Blattsalaten, Paradeisersalat, Karottensalat etc. (→ Rezept S. 70). Er eignet sich zum Abschmecken von Saucen (z. B. für Geflügel, → Rezept S. 71) und zum Aromatisieren von Kaltschalen.

Variante Hollergurkenessig

Fertigen Hollerblütenessig mit 4–5 geschälten, entkernten, in Stücken geschnittenen Feldgurken vermischen und zugedeckt weitere 6 Wochen stehen lassen. Abseihen. Der Hollergurkenessig ist der ideale Essig für Gurkensalat oder zum Abschmecken von Gurkengemüse (→ Rezept S. 71).

Zutaten

2 Bund junge Karotten, das Grün abgeschnitten

Für die Vinaigrette

3 EL Hollerblütenessig (→ Rezept S. 68)

Salz

weißer Pfeffer aus der Mühle

1 Prise Staubzucker

3 EL Traubenkernöl

frische, gezupfte Hollerblüten und z. B. Erdbeerminze zum Garnieren

Junge Zuckerkarotten mit Hollerblütenvinaigrette

Zubereitung

- Für die Vinaigrette alle Zutaten mit einem Spiralbesen sehr gut verrühren und abschmecken.
- Karotten ungeschält in Salzwasser knackig kochen. Abseihen und die Schale mit einem Tuch oder mit Küchenrolle abreiben. Noch warm mit der Vinaigrette vermischen und ca. 10–15 Minuten ziehen lassen.
- Anrichten und mit frischen Hollerblüten und z. B. Erdbeerminze garnieren.

Tipp

Als Vorspeise oder Zwischengang servieren.

Zutaten

4 ausgelöste Maishendlbrüste mit Haut
Salz
1 EL Butter
1 EL Pflanzenöl
1 Zweig Ananassalbei oder spanischer Lavendelsalbei

Für die Hollergurken

2 Feld- oder Salatgurken, geschält, der Länge nach halbiert, Feldgurken entkernt, in Stücke geschnitten
3 EL Hollerblütenessig oder Hollergurkenessig (→ Rezept S. 68)
1 TL Akazienhonig
Salz
weißer Pfeffer aus der Mühle

4 EL Geflügeljus (→ Grundrezept S. 272)

gezupfte Hollerblüten und Ananas- oder spanischer Lavendelsalbei zum Garnieren

Gebratene Maishendlbrust mit glacierten Hollergurken

Zubereitung

- Maishendlbrüste salzen und in einer Pfanne in Butter und Öl auf der Hautseite anbraten. Ananas- oder spanischen Lavendelsalbei beifügen und weiterhin mit der Hautseite nach unten im vorgeheizten Backrohr bei ca. 190 °C ca. 6–7 Minuten fertig braten. Währenddessen mehrmals mit Bratfett übergießen.
- Für die Hollergurken Gurkenstücke mit 2 EL vom Hollerblüten- oder Hollergurkenessig und dem Honig kurz schmoren. Mit Salz und Pfeffer abschmecken.
- Geflügeljus erwärmen und mit 1 EL Hollerblütenessig verfeinern.
- Maishendlbrüste aufschneiden. Mit den Hollergurken anrichten, mit etwas Geflügeljus umgießen und mit Hollerblüten und Ananas- oder spanischem Lavendelsalbei garnieren.

Wein

Gelber Muskateller oder Sauvignon Blanc

Jasmin Neuhold, die rechte Hand von Meinrad Neunkirchner

Zutaten für ca. 4 l

- 3 l Wasser
- 2 kg Kristallzucker
- 3 unbehandelte Bio-Zitronen, in Scheiben geschnitten
- 60 g Zitronensäure
- ca. 20 Hollerblütendolden, ungewaschen

Hollerblütensirup

Zubereitung

- Wasser und Zucker in einem ausreichend großen Topf aufkochen und ca. 5 Minuten kochen lassen. Vom Herd nehmen. Zitronen, Zitronensäure und Hollerblütendolden dazugeben.
- Bei Zimmertemperatur abkühlen lassen und zudecken. Ca. 1 Woche im Kühlschrank ziehen lassen.
- Durch ein feines Tuch abseihen, in heiß ausgespülte Flaschen abfüllen und gut verschließen.

Lagerung & Haltbarkeit

Der Sirup kann sofort verwendet werden. An einem kühlen, dunklen Ort (Speisekammer oder Keller reicht) hält er mindestens 1 Jahr.

Verwendung

Hollerblütensirup schmeckt verdünnt als erfrischendes Getränk, eignet sich zum Süßen von Cremen (z. B. Hollerblütencreme, → Rezept S. 75), Parfait (→ Rezept S. 76), Eis, Sorbet und zum Abschmecken von Cremesaucen wie z. B. Vanillesauce, aber auch zum Glacieren von z. B. Entenbrust (statt Honig).

Hollerblütencreme mit gebackenen Mäusen

Zutaten für ca. 8 Förmchen

- 1/2 l Obers
- 1 Vanilleschote, der Länge nach halbiert und das Mark ausgekratzt
- 6 Dotter
- 5 EL Hollerblütensirup (→ Rezept S. 74)
- 50 g Kristallzucker
- 4 1/2 Blatt Gelatine, in kaltem Wasser eingeweicht
- 150 g geschlagenes Obers
- 7 Eiweiß
- 100 g Kristallzucker
- Butter zum Ausstreichen der Förmchen

Für die gebackenen Mäuse

- 150 g glattes Mehl
- 1/8 l Milch
- 20 g Kristallzucker
- 10 g frische Germ
- 2 Dotter
- 30 g zerlassene Butter
- 1 EL brauner Rum
- 1 Prise Salz
- Butterschmalz zum Frittieren

- Beeren, ein Stück Vanilleschote und Minze zum Garnieren
- etwas Hollerblütensirup zum Beträufeln
- evtl. Staubzucker zum Bestreuen

Zubereitung

- Für die Creme Obers in einem kleinen Topf mit Vanillemark und -schote aufkochen. Dotter mit Hollerblütensirup und Kristallzucker im Schneekessel mit einem Schneebesen cremig rühren. Das heiße Vanilleobers einrühren und über Dampf zur Rose abziehen, bis eine leichte Bindung entsteht. Gelatine ausdrücken, in der Creme auflösen und gut verrühren. Auskühlen lassen.
- Eiweiß mit Kristallzucker zu Schnee schlagen. Creme durch ein Sieb passieren. Geschlagenes Obers mit einem Schneebesen vorsichtig unterheben. Zum Schluss den Schnee vorsichtig unterheben. In leicht bebutterte Förmchen füllen und im Kühlschrank ca. 3–4 Stunden stocken lassen.
- Für die gebackenen Mäuse die Hälfte der Milch lippenwarm erwärmen, Zucker und Germ darin auflösen, mit etwas Mehl (von den 150 g) zu einer dickbreiigen Masse rühren. Mit etwas Mehl bestauben und mit einem sauberen Geschirrtuch zugedeckt ca. 15–20 Minuten aufgehen lassen, bis sich das Volumen ungefähr verdoppelt hat (Dampfl). Restliches Mehl mit Salz, restlicher Milch, Dotter, zerlassener Butter, Rum und dem Dampfl zu einem glatten Teig verrühren und mit dem Geschirrtuch zugedeckt ca. 1/2 Stunde gehen lassen.
- Mit einem Kaffeelöffel kleine Nocken abstechen und im nicht zu heißen (ca. 160 °C) Butterschmalz goldbraun backen. Auf Küchenrolle gut abtropfen lassen.
- Förmchen mit der Hollerblütencreme kurz in heißes Wasser tauchen und die Creme auf Teller stürzen. Mit Beeren, Vanille und Minze garnieren. Mit den gebackenen Mäusen anrichten, mit etwas Hollerblütensirup beträufeln und evtl. leicht anzuckern.

Wein

halbtrockener Winzersekt

Zutaten

4 kleinere Saturnpfirsiche
1 TL Vanillezucker
1 EL Butter

250 g Himbeeren
1–2 TL Staubzucker
1 Spritzer Himbeergeist

Für das Parfait

4 Dotter
100 g Hollerblütensirup (→ Rezept S. 74)
1 Spritzer Limettensaft
1/2 l geschlagenes Obers

abgezupfte Hollerblüten, einige Himbeeren und Minze zum Garnieren

Gebratener Saturnpfirsich mit Hollerblütenparfait und Himbeeren

Zubereitung

- Für das Parfait Dotter und Hollerblütensirup im Schneekessel mit einem Schneebesen über Dampf dickcremig aufschlagen. Anschließend mit dem Mixer kaltrühren. Limettensaft dazugeben und das geschlagene Obers mit einem Schneebesen vorsichtig unterheben. In eine mit Klarsichtfolie ausgelegte Kastenform füllen und im Tiefkühler ca. 5 Stunden frieren.
- Die Hälfte der Himbeeren mit Staubzucker und etwas Himbeergeist fein pürieren und passieren oder durch ein Sieb streichen.
- Die Kerne der Saturnpfirsiche am besten mit einer Elektrikerzange vom Stielansatz weg herausziehen. Pfirsiche in eine Pfanne legen, mit Vanillezucker bestreuen und mit Butterflocken belegen. Im vorgeheizten Backrohr bei ca. 190 °C ca. 8 Minuten braten.
- Das Parfait stürzen und in Scheiben schneiden. Die Parfaitstücke in Hollerblüten wälzen. Die kurz überkühlten Pfirsiche mit dem Hollerblütenparfait anrichten, mit Himbeersauce, frischen Himbeeren und Minze servieren.

Wein

Bouvier oder Chardonnay Auslese

Löwenzahn

Synonyme: Kuhblume, Pusteblume, Röhrlkraut, -salat
Botanischer Name: *Taraxacum officinale*

Löwenzahn ist die wahrscheinlich bekannteste essbare Wildpflanze und einer der ersten Wildsalate im Frühjahr. Er kann bis zum Sommer gesammelt werden und wächst auf fast jeder Wiese. Junge Blätter sind zarter und weniger bitter als ausgewachsene, am besten schmecken sie kurz vor der Blüte. Kulinarisch genauso wertvoll wie das junge Blatt ist die Blüte, solange sie gelb blüht. Sie sollte beim Sammeln geöffnet sein. Es gibt sehr viele Löwenzahn-Unterarten, die alle gegessen werden können.

In der Küche werden die würzigen, leicht bitteren Blätter und die süßlichen Blüten, aus denen sich ein honigähnlicher Sirup herstellen lässt, verwendet. Löwenzahnblätter halten im Kühlschrank ein paar Tage. Löwenzahnblüten müssen am Tag des Pflückens oder spätestens am nächsten Tag verwendet werden. Löwenzahnblüten wie alle Blüten nicht waschen, damit ihr Aroma erhalten bleibt.

Löwenzahnblätter gibt es im Frühjahr auf Märkten.

Gelber, gebleichter Löwenzahn wächst als Kultursorte im Dunkeln. Er ist in Frankreich üblich, milder im Geschmack und nicht bitter. Im Frühjahr ist er bei sehr gut sortierten Gemüsehändlern erhältlich.

Rezepte mit Löwenzahn

Zutaten

4 etwas größere Heurige (Erdäpfel), in der Schale gekocht, ausgekühlt, der Länge nach halbiert
grobes Meersalz
3 EL Olivenöl

4 EL glattgerührter Sauerrahm
Salz
1 Spritzer Zitronensaft

1 Handvoll Löwenzahnblätter, gewaschen und trockengeschleudert

1 kleines Glas Saiblingskaviar (→ Anmerkung)

4 EL Löwenzahnsirup (→ Rezept S. 85)
Salbeiblüten, Weinrautenblüten und Erdbeerminze zum Garnieren

Heurige mit Saiblingskaviar, Sauerrahm und Löwenzahnsirup

Anmerkungen

Heimischen Saiblingskaviar gibt es in verschiedenen Qualitäten, der hellere (gelbliche) ist der mildere und passt für dieses Rezept am besten.
Statt der zarten Erdbeerminze kann auch Apfelminze verwendet werden. Pfefferminze oder Melisse sind zu dominant.

Wein

Gewürztraminer oder Chardonnay

Zubereitung

- Von der Unterseite der Erdäpfel die Kappe abschneiden, damit sie gut stehen. Auf ein Blech mit Backpapier setzen. Mit etwas grobem Meersalz bestreuen und mit Olivenöl beträufeln. Im vorgeheizten Backrohr bei ca. 220 °C ca. 8–10 Minuten braten.
- Sauerrahm mit Salz und Zitronensaft glattrühren.
- Pro Person 2 Erdäpfelhälften auf einen Teller setzen. Erdäpfel mit Löwenzahnblättern belegen, auf den Blättern Kaviar und Sauerrahm anrichten. Mit Salbei- und Weinrautenblüten garnieren.
- Erdäpfel mit etwas Löwenzahnsirup umgießen und gezupfte Erdbeerminze auf dem Sirup verteilen.

Zutaten

8 gekochte Weinbergschnecken (→ Anmerkung)

3 große mehlige Erdäpfel, in der Schale gekocht, ausgekühlt
2 Schalotten, feinwürfelig geschnitten
2 EL grob gehackte Löwenzahnblätter, vorher gewaschen und trockengeschleudert
2 Dotter
1 EL Sauerrahm
Salz
weißer Pfeffer aus der Mühle
Muskatnuss

1 versprudeltes Ei
1 Handvoll griffiges Mehl
Pflanzenöl zum Frittieren

1 Handvoll Löwenzahnblätter, gewaschen und trockengeschleudert
1 EL Vinaigrette mit Estragonessig (→ Grundrezept S. 275)

Waldkerbelblüten und Schnittlauchblüten zum Garnieren

Knusprige Schnecken-Erdäpfel-Praline mit Löwenzahn

Variante
Statt Löwenzahnblättern grob geschnittenen Schnittknoblauch verwenden.

Anmerkung
Weinbergschnecken sind gekocht direkt beim Züchter (→ Anhang S. 277) oder im Feinkosthandel in der Dose erhältlich.

Wein
Wiener Gemischter Satz oder Neuburger

Zubereitung

- Erdäpfel schälen und mit der Röstireibe (grob) reiben. Schalotten, Löwenzahn, Dotter und Sauerrahm beifügen, kurz vermischen und mit Salz, Pfeffer und Muskatnuss abschmecken.
- Schnecken gut abtropfen lassen. Mit Erdäpfelmasse umhüllen, etwas andrücken und zu kleinen Kugeln drehen. Durch das versprudelte Ei ziehen und im griffigen Mehl wenden. In heißem Pflanzenöl (ca. 180 °C) kurz knusprig frittieren. Auf Küchenrolle gut abtropfen lassen.
- Löwenzahnblätter mit der Vinaigrette marinieren.
- Schneckenpralinen mit Löwenzahn anrichten, mit Waldkerbelblüten und Schnittlauchblüten garnieren.

Zutaten

2 Handvoll junge Löwenzahnblätter, gewaschen und trockengeschleudert

2 kleine, dünne Stangen Lauch, geputzt
grobes Salz
weißer Pfeffer aus der Mühle
3 EL Olivenöl

8 Scheiben Hamburgerspeck, nicht zu dünn geschnitten

einige Thymianzweige

Für die Vinaigrette

2 EL weißer Balsamico
Salz
weißer Pfeffer aus der Mühle
1 Prise Staubzucker
1 TL gehackter Thymian
1 EL Traubenkernöl
1 EL sehr gutes Olivenöl

Löwenzahnsalat mit gebratenem Lauch und knusprigem Speck

Zubereitung

- Für die Vinaigrette alle Zutaten mit einem Spiralbesen sehr gut verrühren und abschmecken.
- Lauchstangen der Länge nach halbieren und in portionsgerechte Stücke schneiden. In einen Bräter legen. Mit Salz und Pfeffer würzen und mit Olivenöl beträufeln.
- Im vorgeheizten Backrohr bei ca. 190 °C ca. 8–10 Minuten braten.
- Speckscheiben in eine beschichtete Pfanne legen und beidseitig knusprig braten.
- Löwenzahn mit der Vinaigrette beträufeln und marinieren.
- Heißen Lauch auf den Tellern verteilen und mit mariniertem Löwenzahn belegen. Speckscheiben darauf platzieren, obenauf einige Löwenzahnblätter legen und mit Thymianzweigen garnieren. Mit etwas grobem Salz und weißem Pfeffer aus der Mühle bestreuen. Sofort servieren.

Tipp

Olivenbrot passt besonders gut dazu.

Wein

Welschriesling oder Grüner Veltliner

Zutaten

- ca. 400 g kleine, reife Strauchparadeiser mit Rispe
- ca. 200 g frische Kirschen oder eingelegte Wildkirschen (→ Rezept S. 180)
- 5 EL Löwenzahnsirup (→ Rezept S. 85)
- 2 Vanilleschoten, der Länge nach halbiert und das Mark ausgekratzt
- 2 EL grob gehackte Pistazien
- Saft von 1/2 Limette

- 1 EL Apfelminze, in Streifen geschnitten

Süße Strauchparadeiser mit Löwenzahnsirup und Vanille

Tipp

Zu diesem schnellen Dessert passt Löwenzahneis (→ Rezept S. 86) oder Vanilleeis (→ Grundrezept S. 271).

Wein

Auslese, z. B. Grauburgunder, Chardonnay

Zubereitung

- Paradeiser mit der Rispe waschen und in eine beschichtete Pfanne legen. Frische Kirschen waschen, eingelegte Wildkirschen abtropfen lassen und dazugeben.
  Mit Löwenzahnsirup, Vanillemark und -schoten, Pistazien und Limettensaft würzen.
- Bei starker Hitze ca. 2 Minuten garen, bis die Paradeiser weich sind und sich ihre Haut zu lösen beginnt. Überkühlen lassen.
- In tiefen Tellern anrichten, mit Apfelminze bestreuen und lauwarm servieren.

Löwenzahnsirup

Zutaten für ca. 1 l

- ca. 1 kg Löwenzahnblüten ohne Stiele, ungewaschen
- ca. 2 l Wasser
- 2 unbehandelte Bio-Zitronen, in grobe Scheiben geschnitten
- 2 unbehandelte Bio-Orangen, in grobe Scheiben geschnitten
- ca. 500 g Kristallzucker (pro Liter Löwenzahnsud 500 g Zucker)

Zubereitung

- Ungewaschene Löwenzahnblüten in einem ausreichend großen Topf mit dem kalten Wasser bedecken. Einmal aufkochen lassen. Den Schaum mit einem Schöpfer abschöpfen. Die Zitronen- und Orangenscheiben dazugeben und langsam (!) auf ca. die Hälfte der Flüssigkeit reduzieren (auf ca. 1 l). Topf beiseite stellen und überkühlen lassen. Zudecken und über Nacht ziehen lassen.
- Am nächsten Tag durch ein grobes Sieb abseihen und abtropfen lassen, nicht ausdrücken.
- Den Löwenzahnsud mit ca. 500 g Kristallzucker gemeinsam in einen Topf geben, langsam zu einem Sirup einkochen. Das dauert einige Stunden. Der Sirup sollte eine honigartige Konsistenz haben und etwa 1 l ergeben.
- Durch ein feines Sieb in einen anderen Topf abseihen und einmal aufkochen. Heiß in Rexgläser füllen und sofort verschließen. Bei Zimmertemperatur abkühlen lassen.

Lagerung & Haltbarkeit

Der Sirup kann sofort verwendet werden. An einem kühlen, dunklen Ort (Speisekammer oder Keller reicht) hält er ca. 2 Jahre. Nach dem Öffnen im Kühlschrank aufbewahren und bald verbrauchen.

Verwendung

Löwenzahnsirup schmeckt intensiv nach Löwenzahnblüten und leicht fruchtig. Er passt zu Vorspeisen (→ Rezept S. 80) und Desserts (→ Rezept S. 84) und kann für Eis (→ Rezept S. 86), zum Abschmecken von Vinaigrette (→ Grundrezept S. 275), für Saucen zu Fisch (→ Rezept S. 86) oder Geflügel und pur zu Käse – besonders Rotschmierkäse – verwendet werden.

Löwenzahneis

Zutaten für ca. 750 ml 1/4 l Milch • 1/4 l Obers • 1 Ei • 4 Dotter • ca. 70–80 g Löwenzahnsirup (→ Rezept S. 85)

Ei und Dotter mit Löwenzahnsirup im Schneekessel mit einem Schneebesen cremig rühren. Milch und Obers in einem kleinen Topf aufkochen, heiß über die Eiermasse leeren. Masse über Dampf zur Rose abziehen, bis sie eine leichte Bindung bekommt. Auskühlen lassen, durch ein Sieb seihen und evtl. mit etwas Löwenzahnsirup nachschmecken. In der Eismaschine cremig frieren.

Tipp Löwenzahneis passt sehr gut zu allen Beeren, zu Pfirsich und Melone.

Löwenzahnsauce für Süßwasserfische

Zutaten 1/4 l Muskateller • 1/4 l Gemüse- oder Fischfond (→ Grundrezepte S. 272 oder 271) • 2 Schalotten, klein geschnitten • 1-2 EL Löwenzahnsirup (→ Rezept S. 85) • 1 frisches Lorbeerblatt, gebrochen • 1 EL kalte Butter • Süßwasserfisch nach Belieben, z. B. Waller, Barsch, Hecht

Muskateller, Gemüse- oder Fischfond mit Schalotten und Lorbeerblatt aufkochen und auf ca. die Hälfte reduzieren. Abseihen. Mit Löwenzahnsirup abschmecken und mit kalter Butter leicht binden. Nicht mehr kochen. Fisch auf der Hautseite braten und auf die Sauce setzen.

Vogelmiere

Synonyme: Hühnerdarm, Vogel-Sternmiere
Botanischer Name: *Stellaria media*

Vogelmiere wird meist nur als Unkraut und Vogelfutter betrachtet, dabei ist die unscheinbare Pflanze wichtig für den Boden, den sie durch ihren dichten Wuchs vor Austrocknung schützt. Sie wächst praktisch überall, besonders gerne auf schattigen Plätzen mit feuchten, nährstoffreichen Böden. Die unterschätzte Wildpflanze blüht fast das ganze Jahr über und kann auch zu jeder Jahreszeit geerntet werden. Im Frühjahr sind Blätter und Stiele besonders zart. Vogelmiere kann mit dem schwach giftigen Acker-Gauchheil verwechselt werden, der jedoch kantig-behaarte Stängel und rote Blüten – im Gegensatz zu den weißen Blüten der Vogelmiere – hat.

Vogelmiere schmeckt angenehm frisch, saftig, deutlich nach jungem Mais und leicht nussig. Sie passt zu Gemüse, Geflügel, Fisch und Süßem, darf aber nicht mitgekocht werden, weil sie sonst ihr Aroma verliert.

Vogelmiere hält im Kühlschrank ein paar Tage. Sie lässt sich weder tiefkühlen noch auf andere Art konservieren.

Rezepte mit Vogelmiere

Zutaten

- 2 Fenchelknollen, geputzt, in nicht zu große Stücke geschnitten
- 2 Handvoll Erbsen
- 2 EL Olivenöl
- Salz
- weißer Pfeffer aus der Mühle
- 1 Prise grüne Fenchelsamen, im Mörser zerstoßen

Für die Vinaigrette

- 3 EL Weißweinessig
- 4 EL Vogelmierensaft (→ Rezept S. 94)
- Salz
- 1 Prise weißer Pfeffer
- 1 Prise Staubzucker
- 3 EL Sonnenblumenöl

frische Vogelmiere zum Garnieren

Wein

Zierfandler

Fenchel-Erbsen-Salat mit Vogelmierenvinaigrette

Zubereitung

- Für die Vinaigrette alle Zutaten mit einem Spiralbesen sehr gut verrühren und abschmecken.
- Fenchel in Olivenöl anschwitzen, Erbsen dazugeben, mit Salz, Pfeffer und Fenchelsamen würzen. Mit wenig Wasser untergießen und kurz bissfest dünsten.
- Noch warm mit der Vinaigrette marinieren, anrichten und mit Vogelmiere garnieren.

Geschmorter Zuckermais mit Vogelmiere

Zutaten

ca. 16 kleine Maiskölbchen, der Länge nach halbiert
1 EL Butter
etwas Gemüsefond (→ Grundrezept S. 272)
Salz
weißer Pfeffer aus der Mühle
1 Prise Staubzucker
1 EL weißer Balsamico
1 Handvoll gezupfte Vogelmiere

Vogelmiere und einige Petersilienblüten zum Garnieren

Zubereitung

- Maiskölbchen in einem Topf mit Butter, Gemüsefond, Salz, Pfeffer und Zucker kurz bissfest dünsten. Mit weißem Balsamico abschmecken.
- Zum Schluss die Vogelmiere beifügen und kurz mitgaren.
- Anrichten und mit Vogelmiere und Petersilienblüten garnieren.

Tipp

Der geschmorte Zuckermais passt zu hellem Geflügel, Kaninchen und Kalbfleisch.

Wein

Welschriesling oder Grüner Veltliner

Maispoulardenkeule mit Vogelmierencreme und Heurigen

Zutaten

4 ausgelöste Maispoulardenkeulen
Salz
2 EL Olivenöl
1 EL Butter

8 kleine Heurige (am besten Linzer Delikatess)
Erdnussöl zum Frittieren

Für die Vogelmierencreme

2 Schalotten, klein geschnitten
1/8 l Riesling
1/4 l Hühnerfond (→ Grundrezept S. 273)
1/8 l Obers
1 EL kalte Butter
Salz
1 Spritzer Zitronensaft
1–2 EL Vogelmierensaft (→ Rezept S. 94)

16 kleine ganze Kirschpaprika

etwas grobes Salz
Vogelmiere zum Garnieren

Zubereitung

- Poulardenkeulen salzen und in einen Bräter legen. Olivenöl und Butter darauf verteilen. Langsam im vorgeheizten Backrohr bei ca. 190 °C knusprig braten (ca. 30–35 Minuten).
- Heurige mit der Schale nicht zu weich kochen.
- Für die Vogelmierencreme Schalotten mit Riesling auf ca. die Hälfte reduzieren. Mit Hühnerfond und Obers auffüllen und nochmals auf ca. die Hälfte reduzieren. Kalte Butter mit dem Pürierstab einmixen, mit Salz und Zitronensaft abschmecken. Passieren und zum Schluss mit 1–2 EL Vogelmierensaft (je nach Geschmack) verfeinern. Creme nicht mehr kochen lassen.
- Erdäpfel der Länge nach halbieren und in Erdnussöl knusprig frittieren. Auf Küchenrolle gut abtropfen lassen.
- 5 Minuten vor Ende der Garzeit Kirschpaprika zu den Poulardenkeulen ins Backrohr geben und mitbraten.
- Poulardenkeulen mit der Vogelmierencreme und den Paprika anrichten. Erdäpfel mit grobem Salz bestreuen, dazu servieren und mit Vogelmiere garnieren.

Wein

Riesling

Zutaten

Für das Eis

1/2 l erkaltete Eis-Grundmasse (→ Grundrezept S. 271)

4 EL Vogelmierensaft (siehe unten)

Für das Ragout

500 g kleinere Erdbeeren

3 EL Staubzucker

2 EL Grand Marnier

1 Spritzer Zitronensaft

1 EL grob gehackte Pistazien

Variante

Statt Erdbeerragout passt auch Rhabarberragout gut zum Vogelmiereneis. Dafür Rhabarber schälen, in fingernagelgroße Stücke schneiden, mit Zucker, Zitronensaft und etwas Himbeermark vermischen. Zugedeckt über Dampf bissfest dünsten und erkalten lassen.

Vogelmierensaft

Für Vogelmierensaft gewaschene Vogelmiere mit dem Entsafter entsaften, für 4 EL Vogelmierensaft braucht man ca. 3 Handvoll Vogelmiere.

Wein

Winzersekt, evtl. halbtrocken

Vogelmiereneis mit Erdbeerragout

Zubereitung

- Eis-Grundmasse mit dem Vogelmierensaft vermischen und in der Eismaschine cremig frieren.
- Erdbeeren putzen, die Hälfte der Erdbeeren halbieren oder vierteln. Die andere Hälfte in kleine Stücke schneiden und mit Zucker, Grand Marnier und Zitronensaft in einem kleinen Topf vermischen. Einmal kurz aufkochen, mit dem Pürierstab mixen und durch ein feines Sieb passieren.
- Die halbierten oder geviertelten Erdbeeren beifügen und vermischen. Ca. 15 Minuten bei Zimmertemperatur stehen lassen. Pistazien unterrühren.
- Das Ragout auf tiefen Tellern anrichten und mit einer Nocke Vogelmiereneis servieren.

Waldkerbel

Synonyme: Wiesenkerbel, Wilder Kerbel
Botanischer Name: *Anthriscus sylvestris*

Sein Name ist Programm: Der früh weiß blühende Waldkerbel ist häufig an Wald- und Gebüschrändern zu finden, vor allem im Frühling und Frühsommer. Wenn man ihn findet, kommt er in großen Mengen vor.

Vorsicht: Es besteht erhebliche Verwechslungsgefahr mit dem sehr giftigen Gefleckten Schierling, der jedoch unangenehm stark (nach Mäuseurin) riecht und rötliche Flecken hat. Auch mit dem schwach giftigen Taumel-Kälberkropf kann der Waldkerbel verwechselt werden. Der Taumel-Kälberkropf ist an seinen rot gefleckten Stängeln erkennbar. Die ebenfalls ähnliche und giftige Hundspetersilie riecht beim Zerreiben der Blätter knoblauchartig. Wer sich nicht ganz sicher ist, sollte auf Waldkerbel verzichten.

Waldkerbel schmeckt nicht so süß wie der Echte (Garten-) Kerbel, dafür würziger, sein Aroma erinnert an Karotten, Kümmel und Petersilie. Er passt besonders gut zu Fisch, Krustentieren, Gemüse und Salaten.

Waldkerbel hält im Kühlschrank ein paar Tage. Er lässt sich gut konservieren und trocknen.

Rezepte mit Waldkerbel

Zutaten

- 8 Stücke vom Seesaiblingsfilet (à ca. 50 g)
- Waldkerbelsalz (→ Rezept S. 102)
- 1 Spritzer Zitronensaft
- 3 EL Olivenöl

- 16 grüne Spargelstangen
- 2 EL in kleine Würfel geschnittenes Wurzelgemüse (z. B. Karotte, gelbe Rübe, Petersilwurzel)

Für den Waldkerbelfond

- 1 Schalotte, klein geschnitten
- 1/16 l Noilly Prat
- 1/8 l Riesling
- 1/4 l Fischfond (→ Grundrezept S. 271)
- 2 EL Crème fraîche
- Salz
- weißer Pfeffer aus der Mühle
- 1 Spritzer Zitronensaft
- 1 EL Waldkerbelpaste (→ Rezept S. 101)

Wein

Riesling oder Weißburgunder

Seesaibling mit Waldkerbelsalz und grünem Spargel

Zubereitung

- Für den Waldkerbelfond Schalotte, Noilly Prat und Riesling auf ca. die Hälfte reduzieren. Fischfond dazugeben und kurz weiter einkochen. Den Fond abseihen. Crème fraîche beifügen, mit Salz, Pfeffer und Zitronensaft würzen, Waldkerbelpaste dazugeben und mit dem Pürierstab gut aufmixen.
- Spargel in Salzwasser bissfest kochen.
- Wurzelgemüse in Salzwasser blanchieren.
- Saiblingsstücke mit dem Waldkerbelsalz würzen und mit Zitronensaft beträufeln. Auf der Hautseite in Olivenöl in einer beschichteten Pfanne knusprig braten. Mehrmals Bratfett mit einem Löffel über den Fisch gießen.
- Spargel mit dem Saibling anrichten und mit Wurzelgemüse bestreuen, Saiblingsfilet mit etwas Waldkerbelsalz bestreuen, mit dem Fond beträufeln und sofort servieren.

Zutaten

- 12 gekochte, ausgelöste Krebsschwänze
- 4 TL Waldkerbelpaste (→ Rezept S. 101)

Für die Suppe

- ca. 1 kg Krebskarkassen (→ Anmerkung)
- 4 EL Butter
- 1 geschälte Karotte
- 1 geschälte gelbe Rübe
- 2 Stangen Stangensellerie
- 1 geschälte Zwiebel
- 3 geschälte Schalotten
- 2 Zweige Waldkerbel
- 1 Zweig Thymian
- 2 Zweige Estragon
- 2 frische Lorbeerblätter, gebrochen
- 1 EL Paradeismark
- 1/8 l Cognac
- 1/2 l Weißwein (z. B. Grüner Veltliner)
- 2 l Krebsenfond (→ Anmerkung) oder Gemüsefond (→ Grundrezept S. 272)
- 1/2 l Obers
- Salz, weißer Pfeffer aus der Mühle
- Zitronensaft

- Waldkerbelblätter und -blüten zum Garnieren

Tipp

Wenn man die Krebse selbst in Salzwasser kocht, gibt man etwas Kümmel und einen Dillzweig dazu.

Anmerkung

Krebskarkassen und Krebsenfond erhält man, wenn man die Krebse selbst kocht oder von tiefgefrorenen Krebsen beim Auftauen den Kochsud auffängt. Alternativ kann man beides bei guten Fischhändlern vorbestellen.

Krebsenschaumsuppe mit Waldkerbelpaste

Zubereitung

- In einem ausreichend großen Topf Krebskarkassen in Butter langsam anschwitzen. Gemüse in Stücke schneiden und beifügen. Die Kräuter dazugeben und kurz mitrösten. Paradeismark beifügen und ca. 5 Minuten langsam rösten (wegen der Farbe). Mit Cognac flambieren (Cognac darübergießen, vorsichtig anzünden und warten, bis die Flammen erlöschen). Mit Weißwein ablöschen, mit Fond auffüllen und langsam ca. 1 Stunde köcheln lassen. Dabei öfter den Schaum abschöpfen.
- Obers dazugießen und nochmals ca.15 Minuten köcheln lassen. Suppe durch ein feines Sieb oder Tuch abseihen. Mit Salz, Pfeffer und Zitronensaft abschmecken. Mit dem Pürierstab schaumig aufmixen.
- Krebsschwänze in Tellern verteilen und mit Krebssuppe auffüllen. Mit Waldkerbelpaste beträufeln und mit Waldkerbelblättern und -blüten garnieren.

Zutaten für ca. 1/2 l

- ca. 1 kg gezupfter Waldkerbel, nicht gewaschen
- ca. 1/4 l Traubenkern- oder Maiskeimöl
- evtl. 1 TL Anissamen, im Mörser zerstoßen

Waldkerbelpaste

Zubereitung

- Waldkerbel grob schneiden, evtl. Anis beifügen, Öl dazuleeren, vermischen und zugedeckt über Nacht stehen lassen.
- Mit dem Pürierstab zu einer Paste mixen und in Rexgläser abfüllen. Mit etwas Öl beträufeln.

Lagerung & Haltbarkeit

Die Paste kann sofort verwendet werden. An einem kühlen Ort (am besten im Kühlschrank) ist sie ca. 3–4 Monate haltbar.

Verwendung

Waldkerbelpaste eignet sich zum Würzen von Suppen (→ Rezept S. 100), Saucen (→ Rezept S. 98) und Salaten (z. B. Endivie oder Radicchio) und für Vinaigrette (→ Grundrezept S. 275).

Tipp

Waldkerbelpaste lauwarm, evtl. mit etwas Olivenöl verlängert, zum Dippen von Gewürzbrot (→ Grundrezept S. 273) oder gebackenen Garnelen servieren.

Zutaten für 500 g

- 500 g grobes Salz oder Meersalz
- 4 EL gerebelter getrockneter Waldkerbel (siehe unten)
- 2 unbehandelte Bio-Limetten
- einige Blätter gerebelte getrocknete Zitronenverbene (siehe unten)
- 1 gestrichener TL im Mörser fein zerstoßene, weiße Pfefferkörner (oder mit der Pfeffermühle gemahlen)

Waldkerbelsalz

Zubereitung

- Die unbehandelten Bio-Limetten mit einem Zestenreißer abschälen und die Schalen auf ein Blech mit Backpapier legen. Im Backrohr bei ca. 100 °C ca. 30 Minuten trocknen. Die getrockneten Schalen anschließend fein hacken.
- Salz mit den restlichen Zutaten vermischen und in Rexgläser füllen.

Lagerung & Haltbarkeit

Das Salz kann sofort verwendet werden. In geschlossenen Rexgläsern ist es ca. 1 Jahr bei vollem Aroma haltbar. Selbstverständlich kann es auch länger verwendet werden.

Verwendung

Mit Waldkerbelsalz kann man Fischgerichte (→ Rezept S. 98) und Pasta würzen sowie Suppen und Saucen abschmecken.

Getrockneter Waldkerbel / Getrocknete Zitronenverbene

Waldkerbel bzw. Zitronenverbene zupfen und flach auf einem Blech oder Tablett aufbreiten. An einem warmen Ort (z. B. Fensterbank) ca. 14 Tage trocknen lassen. Anschließend sortenrein und unzerkleinert in gut schließenden Dosen oder Gläsern lichtgeschützt und trocken aufbewahren.

Zutaten

- ca. 500 g geputzte kleine Eierschwammerl
- 3 EL Olivenöl
- 2 Schalotten, klein geschnitten
- Salz
- weißer Pfeffer aus der Mühle
- 1 Prise Staubzucker
- 3 EL weißer Balsamico
- 1 EL gehackter Waldkerbel
- evtl. 1 EL Waldkerbelpaste (→ Rezept S. 101)
- 2 EL Pignoli, evtl. geröstet

Waldkerbel zum Garnieren

Eierschwammerlsalat mit Waldkerbel und Pignoli

Zubereitung

- Die Eierschwammerl in Olivenöl kurz anbraten. Schalotten beifügen und kurz durchrösten. Mit Salz und Pfeffer würzen. In eine Schüssel geben und mit Staubzucker und Balsamico vermischen. Gehackten Waldkerbel und evtl. Waldkerbelpaste dazugeben und ca. 15 Minuten marinieren lassen.
- Anrichten, mit Pignoli bestreuen und mit Waldkerbel garnieren.

Wein

Roter Veltliner

Marille mit Waldkerbelfülle

Zutaten

- 8 Marillen
- 4 EL Himbeersauce (siehe unten)

Für die Fülle

- 125 g weiße Kuvertüre, lippenwarm geschmolzen
- 1 Ei
- 1 1/2 Blatt Gelatine, in kaltem Wasser eingeweicht
- 1 Spritzer weißer Rum
- 1–2 EL gehackter Waldkerbel (je nach Geschmack)
- 1/4 l geschlagenes Obers

- evtl. Staubzucker zum Bestreuen
- Waldkerbel zum Garnieren

Zubereitung

- Für die Fülle das Ei im Schneekessel mit einem Schneebesen über Dampf dickcremig aufschlagen. Kuvertüre beifügen. Gelatine ausdrücken, mit etwas weißem Rum leicht erwärmen und auflösen, der Schokolade beifügen und gut verrühren. Den Waldkerbel dazugeben und zum Schluss das geschlagene Obers mit einem Schneebesen vorsichtig unterheben. In eine Schüssel füllen. Zugedeckt im Kühlschrank ca. 3 Stunden anziehen lassen.
- Marillen an einem Ende leicht einritzen. Kurz in kochend heißes Wasser tauchen, in Eiswasser abkühlen und die Schale abziehen. Auf Küchenrolle gut abtropfen lassen.
- Marillen auf einer Seite aufschneiden und den Kern entfernen.
- Die Creme in einen Dressiersack füllen und in die Marillen dressieren.
- Die Marillen auf Himbeersauce anrichten, evtl. anzuckern und mit Waldkerbel garnieren.

Variante

Statt Waldkerbel eignet sich für diese Creme auch Karoominze sehr gut.

Himbeersauce

250 g Himbeeren, 1 EL Staubzucker und 2 cl Cointreau miteinander in einem Topf erwärmen (muss nicht kochen). Mit dem Pürierstab mixen und durch ein Sieb streichen. Statt Himbeeren kann man auch Erdbeeren oder Brombeeren verwenden. Die Sauce hält im Kühlschrank ca. 1 Woche.

Wein

halbtrockener Winzersekt

Waldmeister

Synonyme: Duft-Labkraut, Maikraut
Botanischer Name: *Galium odoratum*

Waldmeister wächst in Wäldern – besonders gerne in Buchenwäldern – und Waldlichtungen, am besten schmeckt er kurz vor der (weißen) Blüte. Waldmeister ist das einzige Kraut, das durch Einfrieren, aber auch beim Welken, an seinem typisch vanilleartigen Aroma gewinnt. Frisch riecht er kaum, ist aber an seinen in Blattquirlen stehenden Blättern und kantigen Stängeln leicht zu erkennen. Waldmeister kann mit dem Wald-Labkraut verwechselt werden, das jedoch runde Stängel und einen unangenehmen Geruch hat.

Waldmeister sollte man aufgrund seines intensiven, süßlichen Aromas, das auch an frisches, warmes Heu erinnert und auf seinen hohen Cumarin-Gehalt zurückzuführen ist, vorsichtig dosieren. Zu viel Cumarin kann zu Kopfschmerzen führen.

Waldmeister wird hauptsächlich für Getränke und Süßspeisen verwendet, er passt aber ebenso gut zu Fleischspeisen wie z.B. Wild.

Er sollte nicht frisch gepflückt, sondern vorher eingefroren verwendet werden, um sein Aroma zu verstärken, das er tiefgekühlt mindestens 1/2 Jahr behält.

Rezepte mit Waldmeister

Zutaten

4 Stück ausgelöste Rehrücken (Filets à ca. 170 g)
Salz
schwarzer Pfeffer aus der Mühle
einige im Mörser zerstoßene Wacholderbeeren und Pimentkörner (in Summe ca. 1 EL)
2 EL Pflanzenöl
1 EL Butter

1/16 l roter Portwein
1/4 l Wildjus oder Kalbsjus (→ Grundrezepte S. 276 und 274)
3 Zweige Waldmeister (vor der Verwendung gefroren)

8 blanchierte Kohlblätter

1 Handvoll eingelegte Wildkirschen (→ Rezept S. 180)
Waldmeister zum Garnieren

Tipp

Briocheknöderl (→ Rezept S. 157) passen gut dazu.

Wein

Zweigelt, Blaufränkisch oder St. Laurent

Gebratene Rehnüsschen mit Kohl, Waldmeister und eingelegten Kirschen

Zubereitung

- Rehfilets salzen und pfeffern. In Pflanzenöl und Butter mit Wacholder und Piment beidseitig ca. 5 Minuten braten. Während des Bratens öfter mit dem Bratfett übergießen.
- Die Rehfilets aus der Pfanne nehmen und auf einen Teller geben. Mit Alufolie abdecken und ca. 5 Minuten rasten lassen.
- Das Bratfett abgießen. Den Bratrückstand mit Portwein ablöschen und mit Wildjus oder Kalbsjus auffüllen. Waldmeister dazugeben und ca. 5 Minuten langsam einkochen. Abschmecken und abseihen.
- Die Kohlblätter kurz im Fond ziehen lassen und anrichten. Die Rehfilets in Nüsschen schneiden, auf den Kohlblättern anrichten, mit der restlichen Sauce umgießen und mit Wildkirschen und Waldmeister garnieren.

Zutaten

- 4 Dotter
- 100 g Staubzucker
- 2 EL klein geschnittener, gezupfter Waldmeister (vor der Verwendung gefroren)
- 2 cl weißer Rum
- 1/2 l geschlagenes Obers
- Butter für die Förmchen

Für die Sauerrahmsauce

- 200 g Sauerrahm
- Saft von 1/2 Limette
- etwas Staubzucker nach Geschmack

- 1 Handvoll gemischte Beeren (z. B. Himbeeren, Brombeeren, Blaubeeren, weiße Ribisel)

- Waldmeister zum Garnieren

Waldmeisterparfait mit Beeren und Sauerrahmsauce

Zubereitung

- Für das Parfait Dotter mit Staubzucker im Schneekessel mit einem Schneebesen über Dampf dickcremig aufschlagen. Mit dem Mixer kaltrühren. Waldmeister und weißen Rum beifügen und zum Schluss das geschlagene Obers mit einem Schneebesen vorsichtig unterheben. In gebutterte Portionsförmchen füllen und im Tiefkühler ca. 4 Stunden frieren.
- Für die Sauerrahmsauce alle Zutaten verrühren.
- Förmchen kurz in heißes Wasser tauchen und das Parfait auf Teller stürzen. Mit Sauerrahmsauce und Beeren anrichten und mit Waldmeister garnieren.

Wein

Scheurebe Beerenauslese

Zutaten

- ca. 1/8 l Milch
- 2 EL Sauerrahm
- Salz
- 100 g glattes Mehl
- 4 Dotter
- 4 Eiklar
- 30 g Kristallzucker
- 3 EL klein geschnittener, gezupfter Waldmeister (vor der Verwendung gefroren)
- 2 EL Butter zum Backen

Für das Mirabellenkompott

- 1 kg gelbe Mirabellen (oder Ringlotten), gewaschen
- 1/4 l Wasser
- 50 g Kristallzucker
- Saft von 1/2 Zitrone

- Staubzucker zum Bestreuen
- Waldmeister zum Garnieren

Waldmeisterschmarren mit Mirabellenkompott

Zubereitung

- Für das Kompott Wasser, Kristallzucker und Zitronensaft einmal gut aufkochen. Mirabellen dazugeben und kurz aufwallen lassen. Vom Herd nehmen und bei Zimmertemperatur abkühlen lassen.
- Für den Schmarren Milch, Sauerrahm und Salz mit einem Schneebesen verrühren. Mehl dazugeben, verrühren, zum Schluss Dotter beifügen und zu einem glatten Teig rühren. Eiklar mit Kristallzucker zu Schnee schlagen und gemeinsam mit dem Waldmeister mit einem Schneebesen vorsichtig unterheben.
- Butter in einer beschichteten Pfanne schmelzen, den Teig gut fingerhoch eingießen und kurz anbacken.
- Im vorgeheizten Backrohr bei ca. 190 °C ca. 4–5 Minuten fertig backen. Dazwischen einmal wenden (die Masse vierteln und jeweils umdrehen).
- Herausnehmen und in kleinere Stücke teilen. Mit dem Mirabellenkompott anrichten, mit Staubzucker bestreuen und mit Waldmeister garnieren.

Wein

Neuburger Auslese

Zutaten für ca. 600 ml

- 1/2 l trockener Sekt
- Saft von 1/2 Zitrone
- ca. 100 ml Läuterzucker (siehe unten)
- ca. 3 Zweige Waldmeister (vor der Verwendung gefroren)

- evtl. 1 EL gefrorene Waldmeisterblätter, frisch gehackt

Tipp

Eingelegte Marillen, Ringlotten oder Wildkirschen (→ Rezept S. 180) passen gut dazu.

Läuterzucker

1/2 l Wasser mit 500 g Kristallzucker aufkochen, 5–7 Minuten langsam kochen. Auskühlen lassen und in Flaschen füllen. Im Kühlschrank aufbewahrt hält Läuterzucker 1–2 Monate. Für Sorbet, zum Süßen von Fruchtsalaten, Früchten.

Waldmeistersorbet

Zubereitung

- Alle Zutaten in einer Schüssel verrühren und mit Klarsichtfolie abdecken. Im Kühlschrank ca. 2–3 Stunden ziehen lassen.
- Durch ein feines Sieb seihen. Evtl. 1 EL frisch gehackte Waldmeisterblätter unter die Masse mischen. In der Eismaschine cremig frieren.

Weinraute

Synonyme: Gartenraute, Raute
Botanischer Name: *Ruta graveolens*

Die Weinraute ist eigentlich Südeuropäerin und war in der römischen Küche der Antike ein beliebtes Gewürz für Käse- und Fleischgerichte. In Italien wird auch heute noch manchmal Grappa mit Weinraute versetzt.

Die Blätter und gelben Blüten der Weinraute verwendet man vor und während der Blüte. Weinraute kommt an trockenen, warmen Standorten vor, sie vermehrt sich – ähnlich wie Minze – schnell.

Weinraute hat ein sehr würzig-herbes, intensiv-aromatisches, kräftig bitteres Aroma, das unverwechselbar ist und die Geschmäcker scheidet. Deshalb sollte sie sehr dezent verwendet werden, am besten nur die zarten Spitzen oder Blüten. Schwangere sollten auf Weinraute ganz verzichten. Weinraute klingt zwar ähnlich wie Eberraute, es handelt sich aber um zwei völlig verschiedene Pflanzen, deren Gemeinsamkeiten sich auf ihre Bitterkeit und ihre Beliebtheit in den Küchen der Antike beschränken.

Weinraute passt sehr gut zu Kokos (z.B. für Eis, Parfait), zu Huhn, das mit Kokos mariniert wird, aber auch kurz mitgebraten zu Fisch und Fischsaucen, zum Marinieren mit Meersalz und Zitrone, zu Krusten- und Schalentieren.

Weinraute hält im Kühlschrank ein paar Tage.

Rezept mit Weinraute

Kokosschaumsuppe mit Weinrautenkrapferln **116**

Kokosschaumsuppe mit Weinrautenkrapferln

Zutaten

- 2 Schalotten, klein geschnitten
- 1 Knoblauchzehe, in Scheiben geschnitten
- 2 kleine Stück Ingwer, geschält und in Scheiben geschnitten
- 1 EL Butter
- 400 ml ungesüßte Kokosmilch
- 1/4 l Gemüsefond (→ Grundrezept S. 272)
- Salz
- etwas weißer Pfeffer aus der Mühle
- 3 ganze grüne Kardamomkapseln, im Mörser grob zerstoßen

Für die Weinrautenkrapferl

- 150 g glattes Mehl
- 1/8 l Milch
- 20 g Kristallzucker
- 10 g frische Germ
- 2 Dotter
- 30 g flüssige Butter
- 1 EL gehackte Weinraute
- Salz
- Öl zum Backen

- einige trocken geröstete Kokosflocken (im Backrohr oder in einer beschichteten Pfanne)
- 1 EL grob gehackte Pistazien
- einige Weinrautenspitzen zum Garnieren

Zubereitung

- Für die Weinrautenkrapferl die Hälfte der Milch lippenwarm erwärmen. Zucker und Germ darin auflösen, etwas Mehl (von den 150 g) beifügen und zu einem dickbreiigen Dampfl anrühren. Mit etwas Mehl bestauben und mit einem sauberen Geschirrtuch zugedeckt ca. 15 Minuten gehen lassen.
- Dampfl mit dem restlichen Mehl mit Salz, der restlichen Milch, Dottern, flüssiger Butter und gehackter Weinraute in einer Schüssel vermischen, mit einem Kochlöffel (oder mit der Küchenmaschine) gut abschlagen. In einer Schüssel mit dem Geschirrtuch zugedeckt ca. 1/2 Stunde gehen lassen.
- Mit einem Kaffeelöffel kleine Nocken abstechen und in heißem Pflanzenöl knusprig frittieren. Auf Küchenrolle gut abtropfen lassen.
- Für die Kokosschaumsuppe Schalotten, Knoblauch und Ingwer in Butter anschwitzen. Mit Kokosmilch und Gemüsefond auffüllen. Mit Salz, Pfeffer und Kardamom würzen. Ca. 5 Minuten einkochen lassen. Suppe abseihen und abschmecken. Mit dem Pürierstab schaumig aufmixen.
- Suppe mit den Weinrautenkrapferln anrichten, mit Kokosflocken, Pistazien und Weinraute garnieren.

Sommer

- Beifuß
- Dirndl
- Haselnuss
- Hirtentäschel
- Hollerbeere
- Königskerze
- Spitzwegerich
- Taubnessel
- Walnuss
- Wildkirsche

Beifuß

Synonyme: Gänsekraut, Gemeiner/Gewöhnlicher Beifuß, Wilder Wermut
Botanischer Name: *Artemisia vulgaris*

Beifuß ist eine der wichtigsten heimischen Heil- und Gewürzpflanzen und wird seit mindestens 7.000 Jahren verwendet. Er wächst vom Frühjahr bis zum Herbst und ist kurz nach der ersten Blüte am aromatischsten. Er kommt in Massen vor, wächst an Weg- und Wiesenrändern, Feldwegen, Ufern und auf Schuttplätzen. Seine Blattoberseiten sind kräftig grün, die Unterseiten grau und behaart. Der enge Verwandte Wermut hat durchgängig graugrüne Blätter und schmeckt sehr viel bitterer als Beifuß.

Beifuß hat ein sehr herbes, leicht bitteres Aroma und wirkt verdauungsfördernd. Sowohl die Blätter als auch die beim Zerreiben angenehm duftenden Blüten können verwendet werden, letztere sind weniger bitter. Junge Triebspitzen schmecken artischockenähnlich.

Beifuß hält im Kühlschrank ein paar Tage, er kann aber sehr gut getrocknet werden. Vor der Verwendung – ob frisch oder getrocknet – rebelt man die Blätter und Blüten von den harten Stängeln ab.

Rezepte mit Beifuß

Zutaten

- 4 kleine Gänsekeulen
- 3 Zweige getrockneter Beifuß (→ Rezept S. 126)
- geschroteter schwarzer Pfeffer
- 3 Schalotten, halbiert
- 2 Knoblauchzehen, ungeschält und mit dem Messerrücken zerdrückt
- ca. 1 l Gänsefett (entweder selbst ausgelassen oder beim Geflügelhändler vorbestellt)

- 4 größere blaue Erdäpfel (z. B. Viola), in dickere Scheiben geschnitten

- etwas grobes Salz
- getrockneter Beifuß zum Garnieren

Anmerkung

Confit kommt aus Südfrankreich und bedeutet langsam in Fett gegartes und darin konserviertes Fleisch.

Tipp

Warmen Krautsalat oder warmes Speckkraut dazu servieren.

Wein

Staubiger oder Jungwein

Gänsekeulenconfit mit Beifuß und blauen Erdäpfeln

Hinweis

Das Confit muss mindestens 14 Tage vor dem Essen zubereitet werden!

Zubereitung

- Gänsekeulen mit getrocknetem Beifuß und Pfeffer einreiben. Die Keulen in einem Bräter mit den Schalotten und Knoblauchzehen in etwas Gänsefett beidseitig anbraten, restliches Gänsefett darauf verteilen und langsam im Backrohr bei ca. 190 °C ca. 40–45 Minuten weichschmoren. Die Keulen in einen Steingut-, Glas- oder Gusseisenbräter (mit Deckel) füllen, das Fett darübergießen. Die Keulen müssen zur Gänze mit Gänsefett bedeckt sein. Bei Zimmertemperatur abkühlen lassen. Zugedeckt im Kühlschrank aufbewahren. Mindestens 2 Wochen durchziehen lassen.
- Das Confit hält im Kühlschrank ab der Zubereitung mindestens 1 Monat.
- Weitere Zubereitung nach dem Durchziehen: Die confierten Gänsekeulen aus dem Fett nehmen und in eine Pfanne legen. Nach Bedarf etwas Fett ergänzen und die rohen Erdäpfelscheiben dazulegen.
- Langsam im vorgeheizten Backrohr bei ca. 200 °C ca. 15–20 Minuten knusprig braten. Keulen gut abtropfen lassen. Das knusprige Fleisch von den Knochen lösen und mit den Erdäpfeln anrichten. Mit etwas grobem Salz bestreuen und mit getrocknetem Beifuß garnieren.

Zutaten

- 1 Handvoll geputzte kleine Eierschwammerl
- 1 Handvoll frische Sprossen (z. B. Linsen-, Radieschen-, Mungbohnensprossen)
- 2 EL Olivenöl
- Salz
- weißer Pfeffer aus der Mühle
- 1 Handvoll gezupfte Beifußspitzen
- etwas Pflanzenöl zum Frittieren

Für die Vinaigrette

- 3 EL Apfel-Balsamico
- Salz
- weißer Pfeffer aus der Mühle
- 1 Prise Staubzucker
- 3 EL Erdnussöl

Beifußspitzen und gerebelte Beifußblüten zum Garnieren

Lauwarmer Sommersalat mit Sprossen und Beifuß

Zubereitung

- Für die Vinaigrette alle Zutaten mit einem Spiralbesen sehr gut verrühren und abschmecken.
- Eierschwammerl und Sprossen in Olivenöl kurz anbraten, mit Salz und Pfeffer abschmecken. Die Hälfte der Beifußspitzen kurz in Pflanzenöl frittieren. Frittierte und rohe Beifußspitzen mit den restlichen Zutaten mit der Vinaigrette marinieren und ca. 5 Minuten ziehen lassen.
- Anrichten und mit Beifußspitzen und -blüten garnieren.

Wein

Frühroter Veltliner (Malvasier) oder Neuburger

Roastbeef mit Beifußgemüse und kleinen Erdäpfeln

Zutaten

- 1 niedere Beiried (zugeputzt ca. 800 g)
- Salz
- schwarzer Pfeffer aus der Mühle
- 4 EL Olivenöl
- 3 Knoblauchzehen, ungeschält und mit dem Messerrücken zerdrückt
- 2 Zweige Rosmarin

Für die Madeirasauce

- 2 Schalotten, klein geschnitten
- 1/8 l Madeira
- 1/8 l Zweigelt oder Merlot
- 1 Prise Zucker
- 1/4 l Kalbsjus (→ Grundrezept S. 274)
- Salz
- schwarzer Pfeffer aus der Mühle

- 4 Handvoll gezupfter Beifuß
- 2 EL Butter
- Salz
- 1 Prise gemahlener Kümmel

- 8 speckige Erdäpfel (z. B. Sieglinde), in der Schale gekocht
- grobes Salz
- geschroteter schwarzer Pfeffer

Zubereitung

- Beiried salzen und pfeffern. In Olivenöl beidseitig kurz scharf anbraten und auf ein Backblech legen. Im Bratrückstand Knoblauch und Rosmarinzweige kurz anbraten und mit dem Öl über das Fleisch gießen. Im vorgeheizten Backrohr bei ca. 80 °C ca. 2 Stunden garen (54 °C Kerntemperatur). Beiried aus dem Backrohr nehmen und ca. 10 Minuten rasten lassen.
- Für die Sauce Schalotten, Madeira, Rotwein und Zucker um ca. drei Viertel (auf ca. 1/16 l) reduzieren. Kalbsjus dazugeben und nochmals ca. 5 Minuten kochen lassen. Mit Salz und Pfeffer würzen. Durch ein feines Sieb abseihen.
- Beifuß in Butter anschwitzen. Mit Salz und Kümmel würzen, mit wenig Wasser untergießen und kurz aufdämpfen. Die gekochten Erdäpfel halbieren und mit Salz und geschrotetem Pfeffer bestreuen.
- Beiried in Scheiben schneiden, mit Madeirasauce, Beifuß und Erdäpfeln anrichten.

Tipp

Die Beiried schmeckt auch ausgekühlt und dünn aufgeschnitten sehr gut (kaltes Roastbeef).

Wein

Merlot oder Cabernet Sauvignon

Getrockneter Beifuß

Beifuß zu kleinen Büscheln formen und mit Spagat binden. An einem trockenen Ort aufhängen und je nach Witterung ca. 3–4 Wochen trocknen lassen. Blätter und ggf. Blüten von den Stängeln rebeln und in gut schließenden Dosen oder Gläsern lichtgeschützt und trocken aufbewahren.

Verwendung Für Gänsebrust (→ Rezept S. 127), Ganslbraten, Gänsekeulenconfit (→ Rezept S. 122), aber auch zu Rind und Schwein (siehe unten), zum Würzen von fetten Speisen, weil Beifuß verdauungsfördernd wirkt.

Marinierter Schweinsschopf mit getrocknetem Beifuß und Kräutern

Zutaten 4 Scheiben Schweinsschopf à ca. 150 g • 2 EL gerebelter getrockneter Beifuß (siehe oben) • 2 EL grob gehackte frische Kräuter (Thymian, Rosmarin, Estragon) • etwas geschroteter schwarzer Pfeffer • 4 EL Traubenkernöl • grobes Salz • 4 speckige Erdäpfel, gekocht • getrockneter Beifuß zum Garnieren

Getrockneten Beifuß, Kräuter, Pfeffer und Traubenkernöl vermischen. Die Schweinsschopfscheiben beidseitig mit dem Kräuteröl bestreichen. Auf eine Platte legen, mit Klarsichtfolie abdecken und über Nacht im Kühlschrank beizen lassen. Fleisch mit grobem Salz bestreuen, in einer Pfanne oder auf einem Griller beidseitig braten oder grillen. Die gekochten Erdäpfel schälen und in dickere Scheiben schneiden. Ebenfalls kurz mitbraten oder -grillen und salzen. Schweinsschopf mit den Erdäpfeln anrichten und mit getrocknetem Beifuß garnieren.

Tipp Evtl. Kräuterbutter dazu servieren.

Getränk Bier

Zutaten

2 Gänsebrüste (à ca. 300 g)
Salz
schwarzer Pfeffer
2 EL gerebelter getrockneter Beifuß (→ Rezept S. 126)
3 EL Pflanzenöl

Für den Krenbrioche

500 g ungesüßter Brioche (→ Grundrezept S. 270), entrindet und in kleine Würfel geschnitten
ca. 1/2 l heißer Gemüsefond (→ Grundrezept S. 272)
Salz
1 Prise Muskatnuss
1 EL frisch gerissener Kren
2 EL geschlagenes Obers

8 kleine rote Rüben
Salz
Kümmel
1 EL kalte Butter

getrockneter Beifuß zum Garnieren

Gebratene Gänsebrust mit Beifuß, Krenbrioche und roten Rüben

Zubereitung

- Gänsebrüste salzen, pfeffern und mit getrocknetem Beifuß einreiben. In Pflanzenöl auf der Hautseite kurz anbraten. Im vorgeheizten Backrohr bei ca. 190 °C ca. 8 Minuten fertig braten. Die Brüste aus der Pfanne nehmen, offen (mit der Hautseite nach oben, damit sie knusprig bleibt) ca. 5 Minuten rasten lassen.
- Brioche in einen Topf geben und mit kochend heißem Gemüsefond übergießen. Mit Salz und Muskatnuss würzen. Mit einem Kochlöffel cremig rühren. Zum Schluss Kren und geschlagenes Obers mit einem Teigschaber unterheben und abschmecken.
- Gut gesäuberte rote Rüben ungeschält knapp mit Wasser bedecken, mit Salz und Kümmel würzen und weichkochen (je nach Größe ca. 20 Minuten). Kurz überkühlen lassen und schälen. Den Kochfond um ca. zwei Drittel auf ca. 1/8 l reduzieren. Abseihen. Kalte Butter einrühren und abschmecken.
- Gänsebrüste nicht zu dünn aufschneiden, mit dem Krenbrioche und den roten Rüben anrichten, mit etwas Rüben-Fond umgießen und mit getrocknetem Beifuß garnieren.

Wein

junger St. Laurent

Dirndl

Synonyme: Dirlitze, Gelber Hartriegel, Kornelkirsche
Botanischer Name: *Cornus mas*

Dirndln sind in Österreich, Ungarn und Italien schon seit Jahrtausenden bekannt. Sie wachsen eher in wärmeren Gegenden an sonnigen Standorten. Wenn man einen Dirndlstrauch gefunden hat, kann man davon ausgehen, dass er viele Früchte trägt. Sie werden erst geerntet, wenn sie fast schon überreif und dunkelrot sind. Die olivenförmigen Dirndln an einem Strauch werden nie zugleich reif, sondern reifen innerhalb mehrerer Wochen im Spätsommer nach und nach aus. Nur so werden sie süß und lassen sich beim Verarbeiten etwas leichter vom Stein lösen. Man sollte aber nicht warten, bis sie vom Strauch fallen, weil sie dann recht rasch verderben. Am besten breitet man ein Tuch unter dem Strauch aus, auf das man die reifen Früchte schüttelt oder von den Zweigen klopft. Dirndln müssen nicht den ersten Frost erlebt haben. Verwechslungsgefahr besteht nur theoretisch mit dem Roten Hartriegel, dessen Früchte aber klein und schwarz sind.

Dirndln haben ein säuerlich-pikantes und je nach Reife auch süßes Aroma. Mit ihrem fruchtig-herben Geschmack, der an rote Ribiseln und Weichseln erinnert, passen sie gut zu Wildgerichten, Pilzen und kräftigen Desserts.

Dirndln halten im Kühlschrank einige Tage, man kann sie aber auch einfrieren.

Dirndln werden auch in mehreren Sorten kultiviert, sind aber kaum auf Märkten erhältlich.

Rezept mit Dirndl

Dirndlpüree **130**

Zutaten für ca. 1 l

ca. 1,5–2 kg reife Dirndln
500 g Kristallzucker
3–4 Zweige Thymian
ca. 1/8 l Wasser
ca. 1/8 l Korn oder Obstler

Korn oder Obstler zum Beträufeln

Lagerung & Haltbarkeit

Ca. 2 Monate reifen lassen. An einem kühlen, dunklen Ort (Speisekammer oder Keller reicht) ist das Püree mindestens 1 Jahr haltbar.

Verwendung

Dirndlpüree passt mit etwas geschrotetem Pfeffer verfeinert zu Wildschinken (z. B. Hirschschinken, Wildschwein), zu allem, wozu man auch Preiselbeeren verwenden würde. Zum Abschmecken von Saucen, zu Wild, in Palatschinken, in Bayrischer Creme, für Sorbet. Etwas verdünnt für Drinks oder Sekt.

Wein

Roter Veltliner (wenn das Dirndlpüree mit Wildschinken serviert wird)

Variante

Wenn man das Dirndlpüree nur für süße Gerichte verwenden möchte, kann man den Thymian durch 1–2 Vanilleschoten ersetzen.

Dirndlpüree

Zubereitung

- Alle Zutaten in einen Topf geben und bei schwacher Hitze unter öfterem Rühren langsam (ca. 45 Minuten) zu einer püreeartigen Masse kochen.
- Püree durch ein Drahtsieb (Passiersieb) streichen und nochmals aufkochen lassen. Evtl. etwas nachsüßen.
- Heiß in heiß ausgespülte Gläser füllen, mit etwas Korn oder Obstler beträufeln und sofort verschließen. Bei Zimmertemperatur abkühlen lassen.

Haselnuss

Synonyme: Gemeine Hasel, Haselnuss, Haselstrauch
Botanischer Name: *Corylus avellana*

Haselnüsse sind vermutlich eines der ältesten Lebensmittel der Menschheit. Haselsträucher wachsen seit Millionen Jahren in ganz Europa in Gebüschen und Wäldern. Ihre Blätter kann man nicht nur als Tee trinken, sondern auch essen. Dafür sollten sie am besten jung gepflückt werden, wenn sie noch zart und hellgrün sind.

Haselnussblätter schmecken dezent nussig, grasig-frisch und ergänzen sich sehr gut mit Haselnüssen. Sie lassen sich gut konservieren.

Haselnussblätter halten ein paar Tage im Kühlschrank.

Rezepte mit Haselnuss

Zutaten

4 ausgelöste Taubenbrüsterl und 4 ausgelöste Taubenhaxerl

Salz

schwarzer Pfeffer aus der Mühle

2 EL Haselnusspaste (→ Rezept S. 136)

4 eingelegte Haselnussblätter (→ Rezept S. 136)

2 EL Haselnussöl

4 cl weißer Portwein

4 EL Kalbsjus (→ Grundrezept S. 274)

2 EL grob gehackte geröstete Haselnüsse

8 kleine Artischockenherzen, in Salz-Zitronen-Wasser gekocht

Wein

kräftiger Merlot, Cuvée aus dem Mittelburgenland

Taubenbrüsterl mit Haselnüssen im Haselnussblatt

Zubereitung

- Taubenbrüsterl und -haxerl salzen und pfeffern. Die Brüsterl beidseitig mit insgesamt ca. 1,5 EL Haselnusspaste bestreichen und in 2 Haselnussblätter pro Brüsterl einwickeln. Brüsterl und Haxerl langsam (insgesamt ca. 5–6 Minuten) in einer beschichteten Pfanne in Haselnussöl braten, dabei einmal wenden. Haxerl aus der Pfanne nehmen. Die Brüsterl zum Schluss mit der restlichen Haselnusspaste kurz durchschwenken.
- Den Bratrückstand mit Portwein ablöschen, mit Kalbsjus auffüllen und kurz verkochen lassen. Abseihen.
- Taubenbrüsterl der Länge nach einmal halbieren, mit dem Jus und den Haxerln auf Tellern anrichten, mit gehackten, gerösteten Haselnüssen bestreuen und mit den Artischockenherzen anrichten.

Eingelegte Haselnussblätter

Zutaten für ca. 40 Stück ca. 40 junge, gleichmäßige, nicht zu kleine (etwa handtellergroße) Haselnussblätter • 1–2 EL grobes Salz • ca. 1/4 l Haselnussöl

Die Stiele der Blätter abschneiden. Haselnussblätter ganz kurz in kochendem Salzwasser blanchieren, in Eiswasser abschrecken und zwischen zwei Blättern Küchenrolle gut trocknen. Schichtweise mit Salz und Haselnussöl in ein oder zwei Rexgläser schlichten. Mit Öl bedecken.

Lagerung & Haltbarkeit 2–3 Monate reifen lassen. Im Kühlschrank aufbewahren. Die Haselnussblätter sind etwa 1 Jahr haltbar. Einmal geöffnet, sollten sie immer mit Öl bedeckt sein.

Verwendung Eingelegte Haselnussblätter verwendet man für Taube (→ Rezept S. 134), mit Wild- oder Leberfarce gefüllt als Vorspeise, zu kräftigem Fisch wie z. B. Hecht. Dafür werden Hechtstücke mit eingelegten Zitronen (→ Rezept S. 62) belegt, in Haselnussblätter eingeschlagen und langsam in Haselnussöl gebraten. Oder als Beilage zu Reh, Hirsch oder Hase. Dafür werden blanchierte, mit Gundelreben-Gewürzsalz (→ Rezept S. 62) gewürzte und mit gestiftelten Haselnüssen bestreute Pastinaken in die Haselnussblätter eingewickelt. Diese Haselnussröllchen schmecken auch mit Balsamico-Vinaigrette sehr gut.

Haselnusspaste

2 Handvoll Haselnüsse auf ein Blech geben, im Backrohr bei ca. 190 °C unter öfterem Wenden rösten, bis sie intensiv duften. Die Schale mit einem Geschirrtuch abreiben. Die geschälten Haselnüsse mit ca. 1/8 l Haselnussöl in einem Cutter (Moulinette) zu einer feinen Paste mixen. Die Paste in gut verschlossenen Gläsern im Kühlschrank aufbewahren. Sie ist ca. 1 Jahr haltbar.

Verwendung Haselnusspaste mit Quittenkompott und geschrotetem schwarzem Pfeffer vermischt zu Rotschmierkäse servieren oder zum Verfeinern von Vinaigrette (→ Grundrezept S. 275) oder Desserts verwenden. Oder für gebratene Erdäpfelnudeln zu Wild, die zum Schluss mit Haselnusspaste durchgeschwenkt werden.

Hirtentäschel

Synonyme: Gewöhnliches Hirtentäschel, Hirtentäschelkraut
Botanischer Name: *Capsella bursa-pastoris*

Der ungewöhnliche Name des weit verbreiteten Hirtentäschels bezieht sich auf die Form seiner Früchte, die an die Felltaschen von Hirten erinnern sollen. Es wächst sehr häufig an Wiesenrändern und Feldwegen. Die junge Pflanze ist am aromatischsten und geschmackvollsten. Weiß gefärbte Blätter deuten auf Pilzbefall hin, diese sollten nicht verwendet werden.

Hirtentäschel hat einen dezenten, leicht grasigen, etwas kresse- bzw. kohlartigen Eigengeschmack und eignet sich gut für leichtere Gerichte.

Hirtentäschel soll frisch verwendet werden. Es schmeckt auch nur frisch, getrocknet verliert es sein Aroma.

Rezepte mit Hirtentäschel

Eier-Jungzwiebel-Salat mit Hirtentäschel **140**

Kaninchenkeule mit geschmortem Gemüse und Hirtentäschel **142**

Zutaten

- 4 wachsweich gekochte Eier (ca. 7 Minuten), geschält und halbiert
- 1 Bund Jungzwiebeln, geputzt und in kleinere Stücke geschnitten
- 1 rote Zwiebel, halbiert und in Streifen geschnitten
- 1 EL gehacktes Hirtentäschel

Für die Marinade

- 3 EL Estragonessig (→ Grundrezept S. 271)
- Salz
- weißer Pfeffer aus der Mühle
- 1 TL Akazienhonig
- 2 EL Traubenkernöl

Für die Mayonnaisesauce

- 2 EL Mayonnaise (→ Grundrezept S. 274)
- 2 EL Joghurt
- 1 Spritzer Zitronensaft

Kirschparadeiser und gezupftes Hirtentäschel zum Garnieren

Tipp

Zu diesem Salat passt sehr gut getoastetes Holzofenbrot.

Wein

Welschriesling oder frischer Sauvignon Blanc

Eier-Jungzwiebel-Salat mit Hirtentäschel

Zubereitung

- Für die Marinade alle Zutaten mit einem Spiralbesen sehr gut verrühren und abschmecken.
- Jungzwiebeln, rote Zwiebel und gehacktes Hirtentäschel in eine Schüssel geben. Mit der Marinade begießen, verrühren, ca. 15 Minuten durchziehen lassen.
- Für die Mayonnaisesauce alle Zutaten verrühren und abschmecken.
- Jungzwiebelsalat mit wachsweichen Eiern anrichten, mit der Sauce umgießen und mit Kirschparadeisern und Hirtentäschel garnieren.

Zutaten

- 4 ausgelöste Kaninchenkeulen
- Salz
- geschroteter schwarzer Pfeffer
- 2 EL gehacktes Hirtentäschel
- 1 EL Butter
- 2 EL Olivenöl

Für das Gemüse

- 1 Feldgurke, geschält, halbiert, von den groben Kernen befreit, in mundgerechte Stücke geschnitten
- Salz
- 1 Prise Staubzucker
- 1 Spritzer Limettensaft
- ca. 200 g Kirschparadeiser, halbiert oder geviertelt
- ca. 100 g Stachelbeeren, halbiert
- ca. 2 Handvoll junges Hirtentäschel
- 2–3 EL sehr gutes Olivenöl (frisches, junges)

Kaninchenkeule mit geschmortem Gemüse und Hirtentäschel

Zubereitung

- Kaninchenkeulen mit Salz, geschrotetem Pfeffer und Hirtentäschel einreiben. In Butter und Olivenöl von allen Seiten leicht anbraten. Im vorgeheizten Backrohr bei ca. 190 °C unter öfterem Begießen mit dem Bratfett ca. 15–20 Minuten fertig braten.
- Gurkenstücke in einem Topf oder einer Pfanne mit wenig Wasser untergießen und kurz dünsten. Mit Salz, Staubzucker und Limettensaft abschmecken. Paradeiser und Stachelbeeren dazugeben und kurz mitdünsten. Hirtentäschel beifügen, durchschwenken und mit Olivenöl abschmecken.
- Gemüse mit der Kaninchenkeule in tiefen Tellern anrichten.

Tipp

Cremige Polenta passt gut dazu. Dafür 1/2 l Milch mit 1/2 l Wasser, Salz und 2 gebrochenen frischen Lorbeerblättern aufkochen. 240 g Polenta (nicht zu feinen Maisgrieß) einrieseln lassen und ca. 3–5 Minuten langsam unter Rühren köcheln lassen. Weitere 15 Minuten ziehen lassen und evtl. mit geriebenem Parmesan abschmecken.

Wein

Chardonnay oder Sauvignon Blanc

Hollerbeere

Synonyme: Holunder, Schwarzer Holunder
Botanischer Name: *Sambucus nigra*

Hollerbeeren reifen nach den Hollerblüten (→ S. 67 für Details zur Pflanze und zu Verwechslungsgefahren) im Sommer. Sie kommen in großen Mengen vor und sind dann ideal gereift, wenn die Dolden mit den dunkelvioletten, fast schwarzen Früchten schwer nach unten hängen.

Hollerbeeren schmecken fruchtig, erinnern an schwarze Ribisel, sind aber herb-adstringierend, deshalb müssen sie immer gesüßt werden.

Hollerbeeren sollten rasch verarbeitet werden. Sie sind roh nicht bekömmlich und müssen daher immer gekocht oder dampfentsaftet werden.

Rezepte mit Hollerbeere

Zutaten

- 1 kg reife, gerebelte Hollerbeeren
- 100 g Kristallzucker
- ca. 1/16 l Crème de Cassis
- 2 Zweige Schokoladenminze
- 50 g Gelierzucker

Lagerung & Haltbarkeit

Der Röster kann sofort verwendet werden. An einem kühlen, dunklen Ort (Speisekammer oder Keller reicht) ist er mindestens 1 Jahr haltbar.

Verwendung

Hollerröster passt zu Desserts wie Lebkuchenknöderl (→ Rezept S. 149), Schmarren (z. B. Zimtschmarren), für Cremen, zum Blauschimmelkäse, zu eingelegtem Obst wie Birnen oder Quitten. Zum Füllen für Palatschinken. Als Beilage zu Wildgerichten und zu geräucherter Gänsebrust (→ Rezept S. 151).

Hollerröster mit Minze

Zubereitung

- Kristallzucker in einem Topf zu hellem Karamell schmelzen. Mit Crème de Cassis ablöschen. Hollerbeeren, Schokoladenminze und Gelierzucker beifügen und ca. 5 Minuten kochen lassen. Evtl. mit etwas Crème de Cassis abschmecken.
- Hollerröster in heiß ausgespülte Rexgläser füllen und sofort verschließen. Bei Zimmertemperatur abkühlen lassen.

Zutaten

Für das Gelee

- 250 g reife, gerebelte Hollerbeeren
- 1/4 l Hollerbeerensaft (dampfentsaftet)
- 50 g Kristallzucker
- Saft von 1/2 Orange
- 1 Zweig Lakritzkraut
- 10 g Gelatinepulver (oder 1 1/2 Blatt Gelatine)

- 2 reife, in Spalten geschnittene Williamsbirnen (evtl. mit etwas Williamsbrand parfümiert)
- etwas Lakritzkraut zum Garnieren
- 2 EL Hollerröster (→ Rezept S. 146)

Hollergelee mit Lakritzkraut und Williamsbirnen

Zubereitung

- Hollerbeerensaft, Kristallzucker und Orangensaft ca. 3 Minuten kochen. Hollerbeeren, Lakritzkraut und Gelatinepulver beigeben und einmal gut aufkochen. (Bei der Verwendung von Blattgelatine diese in kaltem Wasser einweichen, ausdrücken und nach dem Kochen in der heißen Flüssigkeit auflösen.) Lakritzzweig entfernen. Das Gelee in Gläser oder Schalen füllen. Überkühlen und im Kühlschrank ca. 1 Stunde stocken lassen.
- Das Gelee mit Williamsbirnen, Lakritzkraut und Hollerröster garnieren.

Getränk

Winzersekt oder Williamsbrand

Zutaten

1/4 l Milch
1 Prise Salz
ca. 1 EL Vanillezucker
1 gestrichener TL Lebkuchengewürz
60 g Butter
70 g feiner Weizengrieß
geriebene Schale von 1/2 unbehandelten Bio-Orange (im Idealfall Pomeranze/Bitterorange)
1 Ei
100 g Lebkuchen, in sehr kleine Würfel geschnitten

1 Glas Hollerröster mit Minze (→ Rezept S. 146)
4 EL klein geschnittener Lebkuchen und Staubzucker zum Bestreuen
Zitronenmelisse zum Garnieren

Lebkuchenknöderl mit Hollerröster

Zubereitung

- Milch mit Salz, Vanillezucker, Lebkuchengewürz und Butter aufkochen. Weizengrieß beifügen und bei kleiner Flamme so lange kochen, bis sich die Masse vom Topf löst (wie Brandteig). Vom Feuer nehmen, geriebene Orangenschale beifügen und kurz überkühlen lassen.
- Das Ei und den Lebkuchen mit einem Kochlöffel unterrühren. Masse in eine Schüssel füllen, mit Klarsichtfolie abdecken und im Kühlschrank ca. 1 Stunde anziehen lassen.
- Aus der Masse kleine Knöderl formen, in kochendes Salzwasser legen und ca. 10–12 Minuten ziehen lassen. Knöderl auf Küchenrolle gut abtropfen lassen.
- Knöderl mit dem Hollerröster anrichten, mit Lebkuchen bestreuen, leicht anzuckern und mit Zitronenmelisse garnieren.

Getränk

Glühwein, Punsch oder Gewürztraminer Auslese

Hollerbeerenessig

Zutaten für 1 l

1 l verdünnter Essig (Klare Essigessenz mit Wasser auf ca. 2 Prozent Säure verdünnen – siehe Flaschenetikett –, das entspricht etwa dem halben Säuregehalt handelsüblichen Essigs.)
1/2 l Hollerbeerensaft (dampfentsaftet)
2–3 frische Lorbeerblätter, gebrochen
1 EL brauner Zucker

Zubereitung

- Hollerbeerensaft langsam um die Hälfte reduzieren. Mit dem Essig vermischen, Lorbeer und Zucker beifügen, in Flaschen füllen und gut verschließen.

Lagerung & Haltbarkeit

2–3 Monate reifen lassen. An einem kühlen Ort (am besten im Kühlschrank) aufbewahren. So gelagert ist der Essig ca. 1 Jahr haltbar.

Verwendung

Hollerbeerenessig passt zu Rotkrautsalat (→ Rezept S. 151), zum Abschmecken von Wild-, dunklen Fleisch- oder Geflügelsaucen. Zum Verfeinern von Gemüse (z. B. Schwarzwurzeln, Pastinaken, Stachys), zum Einlegen (z. B. Zwetschken) und für Vinaigrette (→ Grundrezept S. 275).

Zutaten

2 geräucherte Gänsebrüste (à ca. 160 g), in nicht zu dünne Scheiben geschnitten

1 Kopf Rotkraut
Salz
schwarzer Pfeffer aus der Mühle
1 Prise Staubzucker
Saft von 1/2 Orange
3 EL Hollerbeerenessig (→ Rezept S. 150)
3 EL Walnussöl

4 TL Hollerröster (→ Rezept S. 146)

frische Minze (z. B. Schokoladenminze) zum Garnieren

Geräucherte Gänsebrust mit Rotkrautsalat

Zubereitung

- Rotkraut vierteln, Strunk entfernen und in feine Streifen schneiden. Mit Salz, Pfeffer, Staubzucker, Orangensaft und Hollerbeerenessig vermischen und ca. 1/2 Stunde ziehen lassen.
- Walnussöl beifügen, abschmecken und nochmals ca. 2 Stunden marinieren lassen.
- Mit der geräucherten Gänsebrust und dem Hollerröster anrichten und mit Minze garnieren.

Variante

Statt Hollerröster können auch kalt gerührte Preiselbeeren (→ Grundrezept S. 275) verwendet werden.

Wein

Pinot Noir

Königskerze

Synonyme: Großblütige Königskerze, Wollblume
Botanischer Name: *Verbascum densiflorum*

Die stattliche Königskerze kann bis zu 3 Meter hoch werden, sie blüht im Sommer von unten nach oben leuchtend gelb. Sie wächst auf eher trockenen Böden und tritt nur vereinzelt auf.

Man kann die noch nicht aufgeblühten Knospen wie Kapern einlegen und die Blüten als Salat verwenden. Königskerzenblüten schmecken eher neutral, die Knospen werden gegart und schmecken in Verbindung mit Säure kapernähnlich. Früher wurden eingelegte Königskerzenknospen daher als Kapernersatz verwendet.

Königskerzenknospen sollten wie alle Blüten nicht gewaschen werden. Sie gehören rasch verarbeitet.

Rezepte mit Königskerze

Zutaten

- 300 g geputzte kleine Steinpilze, halbiert
- Salz
- weißer Pfeffer aus der Mühle
- 1 Spritzer Zitronensaft
- evtl. 1 Spritzer Worcestersauce
- 2 versprudelte Eier
- 2 Handvoll griffiges Mehl
- Pflanzenöl zum Frittieren

Für die Mayonnaise

- 3 EL Mayonnaise (→ Grundrezept S. 274)
- 1 EL Sauerrahm
- 1 EL gehackte Kräuter (z. B. Petersilie, Kerbel, Estragon)
- 1 EL gehackte eingelegte Königskerzenknospen (→ Rezept S. 156)

- einige eingelegte Königskerzenknospen und Kerbelzweige zum Garnieren

Wein

reifer Weißburgunder, Neuburger oder Muskateller

Gebackene Steinpilze mit Königskerzenmayonnaise

Zubereitung

- Pilze mit Salz, Pfeffer, Zitronensaft und evtl. Worcestersauce würzen.
- Durch die Eier ziehen und in griffigem Mehl wenden. In heißem Pflanzenöl (ca. 170 °C) goldbraun knusprig frittieren. Auf Küchenrolle gut abtropfen lassen.
- Für die Mayonnaise alle Zutaten vermischen und abschmecken.
- Steinpilze mit der Mayonnaise anrichten, mit Königskerzenknospen und Kerbel garnieren.

Eingelegte Königskerzenknospen

Zutaten für ca. 2 Gläser à 250 ml ca. 300 g handverlesene Königskerzenknospen (noch nicht aufgeblüht) • 1/4 l Estragonessig (→ Grundrezept S. 271) • 1 TL Akazienhonig

Essig mit Honig aufkochen, die Knospen beifügen und einmal aufkochen lassen. In heiß ausgespülte Rexgläser füllen und sofort verschließen. Bei Zimmertemperatur abkühlen lassen.

Lagerung & Haltbarkeit Ca. 3–4 Wochen reifen lassen. Eingelegte Königskerzenknospen sind an einem kühlen, dunklen Ort (Speisekammer oder Keller reicht) ca. 1 Jahr haltbar.

Verwendung Eingelegte Königskerzenknospen kann man für Saucen (z. B. Rotwein- oder Kapernsaucen → Rezept S. 157), für Mayonnaisegerichte (z. B. zu gebackenen Steinpilzen, → Rezept S. 154) oder als Beilage zu Wurst, Salami und Rohschinken, zum Verfeinern von Füllen (z. B. für Rindsrouladen) verwenden.

Geschmortes Schulterscherzl mit Königskerzensauce und Briocheknöderln

Zutaten

1 zugeputztes Schulterscherzl (ca. 1,5 kg)
Salz
geschroteter schwarzer Pfeffer
3 EL Pflanzenöl
4 geschälte Zwiebeln, in grobe Stücke geschnitten
1 Knolle Knoblauch, ungeschält halbiert
3 frische Lorbeerblätter, gebrochen
2 Zweige Thymian
1/2 l Madeira
1/2 l Zweigelt
1/2 l Kalbsjus (→ Grundrezept S. 274)
3 EL eingelegte Königskerzenknospen (→ Rezept S. 156)

Für die Briocheknöderl

500 g ungesüßter Brioche (→ Grundrezept S. 270), entrindet und in größere Würfel geschnitten
2 kleine Eier
ca. 1/8 l lauwarme Milch
1 TL Butter, in der Milch zerlassen
Salz
Muskatnuss

8 Kirschparadeiser
Salz
schwarzer Pfeffer aus der Mühle
2 EL Olivenöl

etwas gezupfter Ysop zum Garnieren
einige eingelegte Königskerzenknospen

Zubereitung

- Schulterscherzl salzen und pfeffern. In einem Schmortopf in Öl von allen Seiten scharf anbraten. Herausnehmen. Zwiebel und Knoblauch in den Topf geben und unter ständigem Rühren hellbraun rösten. Lorbeer und Thymian dazugeben. Mit Madeira und Zweigelt ablöschen und langsam auf ca. die Hälfte einkochen. Schulterscherzl und Kalbsjus beifügen. Zugedeckt im Backrohr bei ca. 190–200 °C 1 Stunde weichschmoren.
- Für die Knödel Brioche mit den restlichen Zutaten locker vermischen und abschmecken. Ca. 10 Minuten stehen lassen. Masse halbieren und jeweils auf Klarsichtfolie verteilen, zu einer Rolle mit ca. 5 cm Durchmesser formen und in die Folie einrollen. Diese Rollen in Alufolie wickeln und die Enden fest zusammendrehen. Die Knödelrollen in leicht kochendem Salzwasser ca. 20 Minuten köcheln lassen.
- Fleisch aus dem Schmortopf nehmen und rasten lassen, die Sauce durch ein feines Sieb passieren. Königskerzenknospen vor dem Servieren untermengen.
- Paradeiser in eine Pfanne geben und mit Salz und Pfeffer würzen. Mit Olivenöl beträufeln und im heißen Backrohr bei ca. 200 °C ca. 4–5 Minuten schmoren.
- Schulterscherzl aufschneiden und Knödel in Scheiben schneiden. Sauce auf Tellern verteilen, mit dem Fleisch, dem Knödel und den Paradeisern belegen, mit Ysop garnieren und mit eingelegten Königskerzenknospen bestreuen.

Wein

Zweigelt Barrique

Spitzwegerich

Synonyme: Lungenblattl, Wegetritt
Botanischer Name: *Plantago lanceolata*

Spitzwegerich wächst im Frühling und Sommer auf vielen Wiesen, Wegrändern und Wegen. Spitzwegerich kommt großflächig vor und ist dank seiner schmalen, lanzettlichen Blätter leicht zu erkennen. Am besten schmecken die jungen Blätter vor der Blüte. Breitwegerich (*Plantago major*) und Mittlerer Wegerich (*Plantago media*) können genauso verwendet werden. Immer die Blätter in der Mitte der Rosette pflücken, sie sind zarter und weniger faserig als die äußeren. Auch die Blütenähren sind essbar.

Spitzwegerich schmeckt würzig und etwas herb-bitter, entfernt nach Pilzen. Er verträgt sich gut mit kräftigen Aromen und kann sowohl roh als auch gegart verwendet werden.

Spitzwegerich hält im Kühlschrank problemlos ein paar Tage.

Rezepte mit Spitzwegerich

Zutaten für 250 g

- 250 g weiche Butter
- Salz
- weißer Pfeffer aus der Mühle
- ca. 1 TL Limettensaft
- 1 Spritzer Worcestersauce
- 1 kleine Knoblauchzehe, gehackt
- 1 Prise mildes Currypulver
- 1 kleines Stück frischer Ingwer, geschält und gehackt
- 3 EL klein geschnittener Spitzwegerich

Haltbarkeit
Ca. eine Woche im Kühlschrank haltbar, tiefgekühlt länger (dabei verliert der Spitzwegerich ein wenig an Farbe).

Verwendung
Spitzwegerichbutter eignet sich zum Belegen von Gegrilltem (z. B. Geflügel, Schwein, Lamm, Rind, Kalbsleber), für gegrillte Fische (z. B. Forelle, Saibling, Brassen, Wolfsbarsch), Meeresfrüchte (z. B. Garnelen, Scampi, Jakobsmuscheln) und zum Verfeinern bzw. Montieren von Fisch- und Gemüsesaucen (z. B. aus Knollensellerie).

Spitzwegerichbutter

Zubereitung

- Butter cremig rühren, restliche Zutaten beifügen und abschmecken.
- Entweder mit Klarsichtfolie in Rollen formen oder mittels Dressiersack kleine Rosetten auf Backpapier dressieren.
- Gut durchkühlen.

Zutaten

- 2 Jungzwiebeln, schräg in dünne Scheiben geschnitten
- 1 Handvoll geputzte junge Spitzwegerichblätter
- 1 Handvoll Blattsalat (z. B. Eichblatt, Batavia, Grazer Krauthäuptel etc.)

Für die Vinaigrette

- 2 EL weißer Balsamico
- 1 Prise Salz
- weißer Pfeffer aus der Mühle
- 1 TL Akazienhonig
- 2 EL Haselnussöl

einige Spitzwegerichblüten zum Garnieren

Spitzwegerichsalat mit Haselnussöl

Zubereitung

- Für die Vinaigrette alle Zutaten mit einem Spiralbesen sehr gut verrühren und abschmecken.
- Zwiebel, Spitzwegerich und Blattsalat mit der Vinaigrette marinieren.
- Anrichten und mit Spitzwegerichblüten garnieren.

Wein

Grüner Veltliner

Zutaten

- 1 Salatgurke, geschält, der Länge nach halbiert, mit einem Kaffeelöffel entkernt, in nicht zu dünne Scheiben geschnitten
- 1 Handvoll in Stücke gezupfte junge Spitzwegerichblätter
- 1 EL Butter
- Salz
- etwas geschroteter getrockneter Chili
- 2–3 EL Hollerblütenessig (→ Rezept S. 68) oder Estragonessig (→ Grundrezept S. 271)
- 2 EL gehackte blanchierte Mandeln

Gurken-Spitzwegerich-Gemüse

Zubereitung

- Gurkenstücke in einem Topf mit Butter kurz anschwitzen. Mit Salz, Chili und Hollerblütenessig würzen, evtl. mit wenig Wasser untergießen und kurz bissfest dünsten.
- Spitzwegerichblätter und Mandeln beifügen, einmal durchrühren und anrichten.

Tipp

Passt zu gebratenem Fisch (z. B. Zander) oder zu hellem Geflügel (z. B. Maispoularde, Stubenküken).

Zutaten

- 4 kleine Schweinsschnitzerl (von der Schale, à ca. 120 g)
- Salz
- 1 Knoblauchzehe, gehackt
- 2 rote Paprika
- 4 EL Olivenöl
- 1 Handvoll Spitzwegerichblätter

- 4 EL Kalbsjus (→ Grundrezept S. 274)
- 1 Prise edelsüßes Paprikapulver
- 1 Spritzer weißer Balsamico

Für das Zellermousse

- 1 Knollensellerie, geschält, in Stücke geschnitten
- 1 Spritzer Zitronensaft
- 1 EL kalte Butter
- 2 EL geschlagenes Obers
- Salz
- 1 Prise Muskatnuss

- Spitzwegerichblätter zum Garnieren

Wein

kräftiger Rosé oder kühler Blaufränkisch

Gefüllte Schweinsroulade mit Spitzwegerich und Zellermousse

Zubereitung

- Rote Paprika auf Alufolie auf einen Rost legen und mit 2 EL Olivenöl beträufeln. Im Backrohr bei ca. 220 °C ca. 5–8 Minuten braten, bis sich die Haut vom Fruchtfleisch löst (sie kann dabei ruhig schwarz werden). Paprika schälen, vierteln, vom Kerngehäuse befreien und kurz überkühlen lassen.
- Schweinsschnitzerl etwas klopfen, salzen, mit Knoblauch aromatisieren. Paprika darauflegen, Spitzwegerichblätter auflegen und zu kleinen Rouladen formen. Alufolie mit dem restlichen Olivenöl bestreichen, die Rouladen darin einwickeln und im vorgeheizten Backrohr bei ca.190 °C ca. 8 Minuten garen.
- Kalbsjus aufkochen, mit Paprikapulver und Balsamico abschmecken.
- Für das Zellermousse Sellerie in Salzwasser mit etwas Zitronensaft weich kochen. Abseihen. Mit dem Pürierstab mixen und durch ein Sieb streichen. Kalte Butter einrühren und das geschlagene Obers vorsichtig mit einem Teigschaber unterheben. Mit Salz und Muskatnuss abschmecken.
- Rouladen in dickere Scheiben schneiden, mit dem Zellermousse und dem Jus anrichten und mit Spitzwegerich garnieren.

Taubnessel

Arten: Purpurrote Taubnessel, Weiße Taubnessel, Gefleckte Taubnessel
Botanischer Name: *Lamium purpureum, Lamium album, Lamium maculatum*

Ob weiß oder purpurrot, alle Taubnesseln haben auffallend große Blüten – und alle sind essbar. Taubnesseln kommen wie Brennnesseln (→ S. 37) immer in größeren Mengen vor, sie wachsen gerne auf nährstoffreichen Böden. Ihre Blüten sind leicht süß und können mitgegessen werden. Taubnesseln haben kleinere Blätter als Brennnesseln und keine Brennhaare. Deshalb sind sie einfach zu pflücken und zu verarbeiten – und das im Prinzip das ganze Jahr über. Sie sind trotz der Ähnlichkeiten nicht mit Brennnesseln verwandt.

Taubnesseln – egal welche – schmecken dezent aromatisch-würzig, der Eigengeschmack ist weniger stark als der von Brennnesseln. Taubnesseln können roh als Salat, für ein würziges Aroma in Sud oder zum Einmixen in Saucen (z. B. in Buttersaucen) und Butter verwendet werden. Sehr gut schmeckt Taubnessel in Kombination mit Safran.

Taubnesseln sollten frisch verarbeitet werden.

Rezepte mit Taubnessel

Zutaten

- 1/4 l trockener Weißwein (z. B. Riesling)
- 1/8 l Noilly Prat
- 1/8 l Gemüsefond (→ Grundrezept S. 272)
- 1 Handvoll geputzte Taubnesseln
- 5–6 weiße Pfefferkörner
- 4 Pimentkörner
- 2 frische Lorbeerblätter, gebrochen
- 2 Knoblauchzehen, ungeschält halbiert
- 3 schwarze Kardamomkapseln

- Süßwasserfisch nach Belieben, z. B. Seesaiblingsfilets

Taubnesselsud für Süßwasserfische

Tipp

Fisch aus dem Sud nehmen. Den Sud abseihen und mit Salz und Zitronensaft abschmecken. Mit etwas kalter Butter oder sehr gutem Olivenöl aufmixen. Auf ca. 1/4 l Sud 1 EL Butter oder 2 EL Olivenöl rechnen.

Zubereitung

- Weißwein und Noilly Prat gemeinsam auf ca. die Hälfte reduzieren, Gemüsefond, Taubnesseln und die restlichen Zutaten beifügen und ca. 5 Minuten köcheln lassen.
- Den mit Zitronensaft und Salz gewürzten, portionierten Fisch einlegen und im Sud je nach Größe des Fisches ca. 3–4 Minuten pochieren.

Taubnesselsalat mit gebratenen Steinpilzen

Zutaten

2 Handvoll geputzte, gewaschene und trockengeschleuderte Taubnesseln
300 g geputzte kleine Steinpilze
3 EL Olivenöl
Salz
weißer Pfeffer aus der Mühle
1 Spritzer Zitronensaft

Für die Vinaigrette

2 EL Estragonessig (→ Grundrezept S. 271)
Salz
weißer Pfeffer aus der Mühle
1 Prise Staubzucker
1 EL Walnussöl
1 EL Traubenkernöl

Für die Kräuterbutter

1/4 l Obers
2 Schalotten, klein geschnitten
1 Knoblauchzehe, ungeschält und mit dem Messerrücken zerdrückt
Salz
weißer Pfeffer aus der Mühle
1 Spritzer Zitronensaft
1 Zweig Rosmarin
1 Zweig Thymian
1 Zweig Estragon
1 frisches Lorbeerblatt, gebrochen
3 EL kalte Butter

Zubereitung

- Für die Kräuterbutter Obers mit allen Zutaten außer der Butter aufkochen. Beiseite stellen und die kalte Butter nach und nach mit einem Schneebesen einrühren. Kräuterbutter erkalten lassen (wichtig für das Aroma). Abschmecken und abseihen.
- Für die Vinaigrette alle Zutaten mit einem Spiralbesen sehr gut verrühren und abschmecken.
- Steinpilze halbieren und in Olivenöl beidseitig braten. Mit Salz, Pfeffer und Zitronensaft würzen.
- Taubnesseln mit der Vinaigrette marinieren.
- Anrichten und mit gebratenen Steinpilzen belegen.
- Die Kräuterbutter lauwarm erhitzen, mit dem Pürierstab schaumig mixen und über den Salat träufeln.

Variante

Statt Steinpilzen kann man auch andere Wildpilze wie z. B. Krause Glucke, Rotkappen oder Hallimasch verwenden.

Wein

Rotgipfler oder Grüner Veltliner Federspiel

Walnuss

Synonyme: Echte Walnuss
Botanischer Name: *Juglans regia*

Die reifen Früchte des stattlichen Walnussbaumes sind wohlbekannt. Nussbäume wachsen in Auwäldern, auf Bauernhöfen und in alten Gärten. Unreife grüne Walnüsse wurden früher häufig für verdauungsfördernde Ansatzschnäpse verwendet. Man kann sie aber sehr gut einlegen und zu Desserts und Innereien servieren. Grüne Nüsse können nur in einem recht kleinen Zeitfenster geerntet werden: Anfang bis Mitte Juni in einem Zeitraum von ca. 2 Wochen. Dann sind sie zwar bereits ausgebildet, haben aber innen noch kein Holz angesetzt. Sie lassen sich leicht durchschneiden. Für die eingelegten weißen Nüsse sollten möglichst große Exemplare verwendet werden.

Für schwarze Nüsse erntet man die Walnüsse zum gleichen Zeitpunkt, sticht sie mit einer langen Nadel mehrmals ein und wässert sie einige Wochen, um die sehr bitteren Gerbstoffe zu lösen. Erst danach werden sie weiterverarbeitet.

Weiße Nüsse schmecken mild und nicht bitter – dezenter als schwarze Nüsse – weil vor der Verarbeitung die gerbstoffreiche Schale entfernt wurde.

Die geernteten, ungeschälten grünen Nüsse halten einige Tage im Kühlschrank.

Rezepte mit Walnuss

Zutaten

Für den Strudel

- 4 speckige Erdäpfel (z. B. Bintje oder Desiree), in der Schale gekocht und geschält
- 2 kleine rote Zwiebeln, klein geschnitten
- 3 EL Walnussöl
- 1 TL gehackter Thymian oder Zitronenthymian
- 10 eingelegte weiße Nüsse (→ Rezept S. 176)
- 2 Dotter
- evtl. 1 EL Crème fraîche
- 200 g Blätterteig (→ Grundrezept S. 270)
- 2 Dotter zum Bestreichen
- 1 EL grob gehackte Walnüsse

- 2 Entenbrüste (Erpel) à ca. 200 g
- Salz
- schwarzer Pfeffer aus der Mühle
- 2 EL Pflanzenöl
- 4 EL Geflügeljus (→ Grundrezept S. 272)
- 1 TL kalte Butter

einige klein geschnittene eingelegte weiße Nüsse (→ Rezept S. 176) und einige Thymianzweige zum Garnieren

Pikanter Walnussstrudel mit gebratener Entenbrust

Zubereitung

- Die Erdäpfel mit einer Gabel grob zerdrücken. Die Zwiebeln in Walnussöl anschwitzen, Thymian dazugeben und kurz mitschwitzen. Etwas überkühlen lassen und zu den Erdäpfeln geben. Eingelegte weiße Nüsse abseihen, gut abtropfen lassen, in kleinere Stücke schneiden und zur Masse geben. Dotter dazugeben und mit einem Kochlöffel verrühren. Sollte die Masse zu fest sein, 1 EL Crème fraîche darunterrühren.
- Den Blätterteig auf einer bemehlten Oberfläche messerrückendick rechteckig ungefähr in der Größe eines Backbleches ausrollen. Die Fülle auf dem unteren Drittel der Längsseite auftragen. Die Ränder mit Dotter bestreichen. Mit der gefüllten Seite beginnend einrollen, die Enden andrücken und die Zipfel wegschneiden. Mit der Nahtstelle nach unten auf ein Backblech mit Backpapier setzen. Mit Dotter bestreichen und mit gehackten Walnüssen bestreuen. Im vorgeheizten Backrohr bei 200 °C ca. 25 Minuten backen.
- Entenbrüste salzen und pfeffern. Beidseitig in Öl scharf anbraten, mit der Hautseite nach unten im Backrohr bei 200 °C ca. 6–8 Minuten braten. Entenbrüste herausnehmen, mit der Hautseite nach oben (damit sie knusprig bleibt) ca. 5 Minuten rasten lassen. Das Bratfett abgießen, den Bratrückstand mit Geflügeljus ablöschen und kurz aufkochen lassen. Mit der kalten Butter montieren und durch ein Sieb passieren.
- Strudel mit einem Sägemesser gut fingerdick aufschneiden. Die Entenbrüste in dickere Scheiben schneiden. Strudel mit der Ente anrichten, mit etwas Sauce umgießen und mit weißen Nüssen und Thymian garnieren.

Wein

Merlot, Cabernet Sauvignon oder kräftige Cuvée

Eingelegte weiße Nüsse

Zutaten für ca. 3–4 Gläser à ca. 1/2 l

- 2 kg grüne Walnüsse, geerntet, bevor sie innen Holz ansetzen
- 1 l Wasser
- 200 g Kristallzucker
- Saft von 2–3 Zitronen (besser mehr als weniger)
- 2 Vanilleschoten, der Länge nach halbiert und das Mark ausgekratzt

Zubereitung

- Die Nüsse (zum Schutz vor Verfärbung mit Handschuhen) mit einem Sparschäler schälen, das Grüne muss zur Gänze entfernt werden (sonst werden die Nüsse grau und bitter). Die Nüsse sind dann rundum weiß.
- Wasser, Zucker, Zitronensaft, Vanillemark und -schoten aufkochen und ca. 5 Minuten kochen lassen. Nüsse dazugeben und ca. 8–10 Minuten kochen, bis sie weich sind. Mit einer Gabel prüfen.
- Die Nüsse in heiß ausgespülte Gläser füllen, mit kochend heißer Flüssigkeit bedecken und sofort verschließen. Bei Zimmertemperatur abkühlen lassen.

Lagerung & Haltbarkeit

Mindestens 4 Monate kühl und dunkel reifen lassen. An einem kühlen, dunklen Ort (Speisekammer oder Keller reicht) mindestens 1 Jahr haltbar. Geöffnet im Kühlschrank aufbewahren und innerhalb von 2 Wochen aufbrauchen.

Verwendung

Eingelegte weiße Nüsse passen zu Desserts, z. B. Sauerrahmdalken (→ Rezept S. 177), dafür halbieren, in Scheiben oder in kleine Stücke schneiden). Zum Garnieren von Cremen, für Füllungen, für Eis, Parfait. Zur Gänseleber – Nüsse herausnehmen, den Fond reduzieren und damit die Nüsse glacieren. Zu Leber (Kalb, Huhn, Mousse) und zu Briesmousse. Für einen pikanten Strudel (→ Rezept S. 174) als Beilage zu gebratener Ente.

Sauerrahmdalken mit eingelegten Nüssen und Stockroseneis

Zutaten

Für die Dalken

100 g Sauerrahm
70 g glattes Mehl
2 Dotter
2 Eiweiß
20 g Kristallzucker
1 EL Butterschmalz

12 eingelegte weiße Nüsse (→ Rezept S. 176)

Für die Vanillesauce

1/8 l Milch
1/8 l Obers
1 Vanilleschote, der Länge nach halbiert und das Mark ausgekratzt
2 Dotter
50 g Kristallzucker

Für das Eis

1/2 l heiße Eis-Grundmasse (→ Grundrezept S. 271)
4 dunkelrote Stockrosenblüten, die Blütenblätter abgezupft

frische Minze (z. B. marokkanische, Erdbeer- oder Gartenminze) und Staubzucker zum Garnieren

Zubereitung

- Für das Eis Stockrosenblüten in die heiße Eis-Grundmasse einlegen und ziehen lassen, bis die Masse zur Gänze ausgekühlt ist. Eismasse mit den Stockrosenblüten über Nacht im Kühlschrank stehen lassen. Abseihen und in der Eismaschine cremig frieren.
- Für die Vanillesauce Milch, Obers, Vanillemark und -schote aufkochen. Dotter mit Kristallzucker im Schneekessel mit einem Schneebesen cremig rühren. Heiße Vanillemilch darübergießen und über Dampf zur Rose abziehen, bis eine leichte Bindung entsteht. Sauce erkalten lassen und durch ein feines Sieb passieren.
- Eingelegte weiße Nüsse aus dem Fond heben und in kleine Stücke schneiden.
- Für die Dalken Sauerrahm mit Mehl und Dotter mit einem Schneebesen glattrühren. Eiweiß mit Kristallzucker zu steifem Schnee schlagen und mit einem Schneebesen vorsichtig unter die Masse heben. In einer beschichteten Pfanne oder Dalkenpfanne mit heißem Butterschmalz kleine Dalken eingießen (pro Dalken 1 Kaffeelöffel Masse). Kurz heiß anbacken, einmal umdrehen und kurz fertig backen.
- Einen Dalken auf einen Teller legen, Nussstückchen darauflegen, die Nüsse mit Vanillesauce beträufeln und einen zweiten Dalken daraufsetzen. Mit Staubzucker besieben und eine Nocke Stockroseneis dazu servieren. Mit frischer Minze garnieren.

Wein

Scheurebe, Muskateller oder Riesling Trockenbeerenauslese

Wildkirsche

Synonyme: Knorpelkirsche, Herzkirsche, Vogelkirsche, Süßkirsche
Botanischer Name: *Prunus avium*

Kirschen werden in Vogelkirschen und Sauerkirschen (zu denen auch die Weichseln gehören) unterteilt. Vogelkirschen wiederum kommen in Wildform (Waldkirsche), als Knorpel- und Herzkirschen vor. Wild wachsende oder verwilderte Kirschen wie z. B. die in diesem Buch verwendete gelbe Knorpelkirsche haben meist festeres, weniger saftiges Fruchtfleisch als Kultursorten. Vom Aroma her stehen sie vielen im Handel erhältlichen Sorten aber nicht nach. Wildkirschen wachsen an Straßenrändern und in alten Gärten, sie reifen von Juni bis August aus.

Die gelbe Knorpelkirsche hat einen dezenten Eigengeschmack und relativ festes Fruchtfleisch, das sich leicht vom Stein löst. Sie sieht durch ihre zart gelbe, wächserne Farbe besonders elegant aus. Die gelben Kirschen sind sehr druckempfindlich und sollten daher gepflückt und nicht aufgeklaubt werden, weil sie sich sonst rasch braun verfärben.

Für diese Rezepte können alle Sorten von Wildkirschen verwendet werden.

Wildkirschen, besonders helle, gehören rasch verarbeitet.

Rezepte mit Wildkirsche

Eingelegte Wildkirschen

Zutaten für ca. 3 große Gläser à 1 l

- 2 kg gleichmäßig große, gepflückte Wildkirschen mit Stängel (die Druckstellen von heruntergefallenen werden leicht braun)
- 1 l Wasser
- 200 g Kristallzucker
- 1/2 TL Zitronensäure
- evtl. 1 Bittermandel

Zubereitung

- Stängel der Wildkirschen mit der Schere auf gleiche Länge abschneiden. Die Kirschen locker in Rexgläser einfüllen (nicht pressen). Wasser mit Zucker, Zitronensäure und evtl. Bittermandel ca. 10 Minuten kochen. Den Sud heiß über die Kirschen leeren und sofort verschließen.
- Im ca. zweifingerbreit hohen Wasserbad bei ca. 80–90 °C Backrohrtemperatur ca. 25 Minuten sterilisieren. (Diese Zeitangabe gilt für Rexgläser mit 1 l Inhalt.) Bei Zimmertemperatur abkühlen lassen.

Lagerung & Haltbarkeit

Ca. 2 Monate reifen lassen. An einem kühlen, dunklen Ort (Speisekammer oder Keller reicht) ca. 1 Jahr haltbar. Geöffnete Gläser im Kühlschrank aufbewahren und innerhalb einer Woche verbrauchen.

Verwendung

Eingelegte Wildkirschen eignen sich zum Gratinieren (→ Rezept S. 182), als Beilage zu Cremen (Hollerblütencreme → Rezept S. 75), Parfaits, Sorbets (Waldmeistersorbet → Rezept S. 112), Grieß- und Kaiserschmarren, aber auch zu Wildgeflügel, Wild (→ Rezept S. 108), Gänse- und Kalbsleber.

Zutaten

1/2 Glas (entspricht ca. 1/2 l) eingelegte Wildkirschen (→ Rezept S. 180), auf einem Sieb gut abgetropft

Für die Gratinmasse

4 Dotter

100 g Staubzucker

2 EL geschlagenes Obers

2 cl Kirschbrand

2 EL grob gehackte Pistazien

Staubzucker

Waldmeister zum Garnieren

Gratinierte Wildkirschen mit Pistazien

Zubereitung

- Wildkirschen in feuerfesten Schalen oder Tellern verteilen. Dotter und Staubzucker mit dem Mixer dickcremig-schaumig rühren. Geschlagenes Obers und Kirschbrand mit einem Teigschaber oder einem Schneebesen unterheben. Die Masse über den Kirschen verteilen.
- Im vorgeheizten Backrohr bei starker Oberhitze/Grill ca. 3–4 Minuten goldbraun gratinieren.
- Mit grob gehackten Pistazien bestreuen, mit etwas Staubzucker besieben und mit Waldmeister garnieren.

Tipp

Vanilleeis (→ Grundrezept S. 271) dazu servieren.

Wein

Rosésekt oder Schilchersekt

Zutaten

- ca. 250 g Wildkirschen in Kirsch (→ Rezept S. 184), auf einem Sieb gut abgetropft
- ca. 100 g weißer Fondant (in gut sortierten Confiserien erhältlich)
- ca. 200 g temperierte Zartbitter-Kuvertüre (ca. 55 Prozent Kakaogehalt) (Kuvertüre über dem Wasserbad schmelzen, überkühlen lassen bis kurz vor dem Stocken, erneut über dem Wasserbad lippenwarm erwärmen – ca. 28 °C am Kuvertüre-Thermometer)
- 2 EL lippenwarme, weiße Kuvertüre

Mon Chéri von der Wildkirsche

Zubereitung

- Kirschen einzeln in lippenwarm temperierten Fondant tauchen und gut abtropfen lassen. Auf Backpapier setzen und abtrocknen lassen.
- Durch die temperierte Kuvertüre ziehen und dabei darauf achten, dass die Kirsche lückenlos mit Schokolade überzogen ist.
- Wieder auf Backpapier setzen und mit weißer Kuvertüre verzieren.
- Die Mon Chéri ca. 5 Tage in einem kühlen Raum (ca. 18 °C) stehen lassen. Danach ergibt sich der Mon-Chéri-Effekt (Kirschbrand löst den Zucker auf, der dadurch flüssig wird).
- Die Mon Chéri halten in dieser Form ca. 1 Woche.

Tipp

Als Näscherei zum Kaffee servieren – oder für zwischendurch.

Wildkirschen in Kirsch

Zutaten für ca. 4 Rexgläser à 250 ml 1 kg gleichmäßig große, gepflückte Wildkirschen mit Stängel (die Druckstellen von heruntergefallenen werden leicht braun) • 3/4 l Kirschbrand

Stängel der Wildkirschen mit der Schere auf gleiche Länge abschneiden. Die Kirschen mit einer Stecknadel mehrmals einstechen. Locker in Rexgläsern verteilen, mit Kirschbrand bedecken und verschließen.

Lagerung & Haltbarkeit Ca. 3 Monate kühl und dunkel reifen lassen. An einem kühlen, dunklen Ort (Speisekammer oder Keller reicht) sind die Kirschen in Alkohol mindestens 1 Jahr haltbar.

Verwendung Wildkirschen in Kirsch braucht man für Mon Chéri (→ Rezept S. 183), sie passen zu Besoffenem Kapuziner und zum Garnieren von Hühnerleber oder -mousse.

Herbst

Herbst

Haferwurzel
Hagebutte
Klettenwurzel
Krause Glucke
Rotkappe
Sanddorn
Schlehe
Semmelstoppelpilz
Stachys
Vogelbeere

Haferwurzel

Synonyme: Austernwurzel, Habermark, Purpur-Bocksbart
Botanischer Name: *Tragopogon porrifolius*

Die zweijährige Haferwurzel ist seit der Antike als Gemüse bekannt, wurde aber fast gänzlich von der Schwarzwurzel abgelöst. Sie kommt in größeren Mengen an sonnigen Standorten mit lockeren Böden vor. Die Wurzeln werden im ersten Jahr (in dem sie noch nicht geblüht haben) geerntet. Sie sollten nicht zu dick und groß sein, weil sie leicht holzig werden. Die kräftig-grünen, lauchartigen Blätter und die purpurfarbenen Blüten der Haferwurzel können ebenfalls gegessen werden.

Haferwurzel schmeckt erdig-süß, erinnert entfernt an Schwarzwurzel, Petersilwurzel und ein wenig an Austern. Sie ist sehr nahrhaft und wird immer gegart. Beim Schälen und Verarbeiten tritt milchiger, klebriger Saft aus.

Sie ist gut lagerfähig (kühl und dunkel wie Erdäpfel, muss nicht im Kühlschrank sein).

Haferwurzeln werden auch kultiviert und auf Märkten angeboten.

Rezepte mit Haferwurzel

Geschmorter Ochsenschwanz mit Haferwurzeln und Steinpilzen

Zutaten

- 1,5 kg Ochsenschwanz, in nicht zu große (ca. 5–6 cm) Stücke zerteilt
- Salz
- schwarzer geschroteter Pfeffer
- 4 EL Pflanzenöl
- 3 Zwiebeln, geschält und in Stücke geschnitten
- 2 Karotten, geschält und in Stücke geschnitten
- 2 Petersilwurzeln, geschält und in Stücke geschnitten
- 2 frische Lorbeerblätter, gebrochen
- 1 Zweig Thymian
- 1 Zweig Bohnenkraut
- 1/4 l roter Portwein
- 1/4 l kräftiger Rotwein (z. B. Blaufränkisch)
- 1/2 l Kalbsjus (→ Grundrezept S. 274)

- 16 kleine Haferwurzeln
- 2 EL Butter
- etwas grobes Salz

- ca. 200 g kleine Steinpilze, geputzt und in Scheiben geschnitten
- 2 EL Olivenöl
- Salz
- 1 Spritzer Zitronensaft

- krause Petersilie zum Garnieren

Wein

Blaufränkisch

Zubereitung

- Ochsenschwanz salzen und pfeffern. In Pflanzenöl von allen Seiten scharf anbraten. Zwiebeln und Wurzeln beifügen und kurz mitbraten. Kräuter dazugeben, kurz mitschmoren und mit Portwein und Rotwein ablöschen. Langsam fast vollständig einkochen lassen. Mit Kalbsjus auffüllen. Zugedeckt langsam im vorgeheizten Backrohr bei 190 °C weichschmoren (mind. 1 Stunde).
- Das Fleisch aus der Sauce heben und beiseite stellen. Die Sauce durch ein Sieb passieren, etwas einkochen lassen und abschmecken. Das Fleisch evtl. von den Knochen ablösen. Den Ochsenschwanz wieder in die Sauce legen.
- Die Haferwurzeln gut waschen, in Salzwasser blanchieren und die Schale mit Küchenrolle abreiben. Haferwurzeln in einem Topf mit etwas Butter und grobem Salz 1–2 Minuten kurz dünsten.
- Die Steinpilze in Olivenöl beidseitig kurz anbraten und mit Salz und Zitronensaft würzen.
- Ochsenschwanz mit Haferwurzeln und Steinpilzen anrichten und mit krauser Petersilie garnieren.

Zutaten

- ca. 300 g geschälte Haferwurzeln, in grobe Stücke geschnitten
- ca. 300 g geschälte mehlige Erdäpfel (am besten Goldsegen), in grobe Stücke geschnitten
- 2 Knoblauchzehen, geschält
- 1 kleine Zwiebel, geschält und in Stücke geschnitten
- Salz
- weißer Pfeffer aus der Mühle
- etwas Gemüsefond (→ Grundrezept S. 272)
- 2 Eier
- Butter zum Ausstreichen der Formen

- 3 Haferwurzeln, geschält, in ca. halbzentimeterdicke Scheiben geschnitten, kurz in Salz-Zitronenwasser blanchiert
- 2–3 Zweige Thymian
- 3 EL grob geriebener Käse (Parmesan, Appenzeller, Emmentaler)
- 4 EL Walnussöl

Gebackenes Haferwurzelpüree

Zubereitung

- Haferwurzeln, Erdäpfel, Knoblauch und Zwiebel in einen Topf geben. Salzen, pfeffern und mit Gemüsefond untergießen, so dass das Gemüse gut bodenbedeckt ist. Langsam weichdünsten und dabei evtl. etwas Gemüsefond nachgießen.
- Mit dem Pürierstab mixen. Anschließend die Eier einmixen. Die Masse überkühlen lassen. Feuerfeste Formen ausbuttern. Die Masse in einen Dressiersack füllen und in die Formen dressieren. Mit Haferwurzelscheiben und Thymianzweigen belegen, mit Käse bestreuen und mit Walnussöl beträufeln.
- Im vorgeheizten Backrohr bei ca. 190 °C ca. 25 Minuten backen (je nach Größe der Form).

Tipp

Endivien-Kräuter-Salat oder lauwarmen Fisolensalat dazu servieren.

Wein

Sauvignon Blanc oder Weißburgunder

Faschierte Laibchen mit Haferwurzelpüree

Zutaten für ca. 8 Laibchen

- 300 g faschiertes Rindfleisch
- 200 g faschiertes Schweinefleisch
- 1 Zwiebel, geschält und in grobe Stücke geschnitten
- 2 Knoblauchzehen, geschält und in Scheiben geschnitten
- 3 Zweige Petersilie, im Ganzen in kleinere Stücke geschnitten
- 2 EL Pflanzenöl
- 1 Semmel vom Vortag, geviertelt und in warmem Wasser eingeweicht
- Salz
- schwarzer Pfeffer aus der Mühle
- 1 Prise getrockneter Majoran
- 1 EL Dijonsenf
- 1 Spritzer Weißwein (z. B. Riesling)
- 2 Eier

- 2 EL Pflanzenöl
- 1 EL Butter
- 1 Zweig Thymian

- 4 EL Kalbsjus (→ Grundrezept S. 274)
- 1 EL kalte Butter

Für das Haferwurzelpüree

- ca. 300 g Haferwurzeln, geschält und in kleine Stücke geschnitten
- 2 EL Butter
- Salz
- Zitronensaft
- 2 EL geschlagenes Obers
- 2 Haferwurzeln, geschält, in kleine Scheiben geschnitten und kurz in Salz-Zitronen-Wasser blanchiert
- 1 TL Butter

- frischer Majoran zum Garnieren

Zubereitung

- Zwiebel, Knoblauch und Petersilie in Pflanzenöl kurz anrösten. Kurz überkühlen lassen. Semmelstücke gut ausdrücken, zu den Zwiebelwürfeln geben und mit einem Cutter (Moulinette) zu einer breiigen Masse mixen. Zum Faschierten geben und Gewürze, Wein und Eier beifügen. Die Masse gut vermischen und abschmecken. Ca. 15 Minuten durchziehen lassen.
- Ein kleines Laibchen formen und probebraten, evtl. nachwürzen. Kleine Laibchen formen, in Pflanzenöl und Butter mit dem Thymianzweig langsam, pro Seite ca. 3–4 Minuten, braten (je nach Höhe des Laibchens). Laibchen aus der Pfanne nehmen und mit Alufolie abdecken.
- Bratrückstand mit Kalbsjus ablöschen, kurz aufkochen, mit kalter Butter montieren und abseihen.
- Für das Haferwurzelpüree die Haferwurzeln in Butter anschwitzen und mit Salz und Zitronensaft würzen. Mit etwas Wasser untergießen und weichdünsten. Mit dem Pürierstab mixen und durch ein Sieb streichen (wenn die Masse ganz fein sein soll). Das geschlagene Obers mit einem Teigschaber vorsichtig unterheben.
- Die blanchierten Haferwurzelscheibchen kurz in Butter schwenken. Faschierte Laibchen anrichten und mit etwas Jus umgießen. Das Haferwurzelpüree dazu servieren, mit Haferwurzelscheibchen und Majoran garnieren.

Wein

kräftiger Grüner Veltliner oder Zweigelt

Hagebutte

Synonyme: Heckenrose, Hundsrose
Botanischer Name: *Rosa canina*

Die wilde Rose wächst an sonnigen Waldrändern und Feldwegen, meistens sind mehrere Stöcke nebeneinander zu finden. Ihre Früchte schmecken am allerbesten kurz vor dem Frost. Hagebuttenmark war bereits in der Steinzeit ein wichtiges Lebensmittel. Hagebutten sollte man immer ohne Kerne (eigentlich winzige Nüsschen mit Härchen daran) verwenden. Dafür die Hagebutten halbieren und die Härchen mit einem kleinen Löffel oder einem Messer auskratzen.

Hagebutten eignen sich mit ihrer herben Süße besonders gut für Marmelade und zum Kandieren, passen aber auch sehr gut zu pikanten Gerichten. Sie werden immer gegart.

Hagebutten halten an einem kühlen Ort (muss nicht der Kühlschrank sein) einige Tage.

Rezepte mit Hagebutte

Zutaten für ca. 20 Stück

- 600 g glattes Weizenmehl
- 350 ml warmes Wasser
- 1/2 Würfel frische Germ (21 g)
- 50 ml Olivenöl
- 1 TL Salz
- 1 EL grob gehackter Rosmarin
- 1 TL grob gehackter Salbei
- 1 EL Hagebuttenmarmelade (→ Rezept S. 200)
- 1 Handvoll kandierte Hagebutten (→ Rezept S. 199)

- ca. 50 ml Olivenöl zum Bestreichen
- einige kandierte Hagebutten zum Belegen

Tipp

Diese Weckerl lassen sich gut auf Vorrat zubereiten. Dafür sofort nach dem Auskühlen in Gefriersackerl legen, gut verschließen und einfrieren.
So halten sie ca. 1 Monat.
Zur Verwendung bei Zimmertemperatur aufgehen lassen und nach dem Auftauen bei 200 °C 2–3 Minuten ins Backrohr geben, dann sind die Weckerl wieder knusprig.

Variante

Statt Weckerln 2 Laibe formen und auf dem Blech 20 Minuten gehen lassen. Die Backzeit beträgt dann ca. 40–45 Minuten.

Verwendung

Die Hagebuttenweckerl passen zu Pasteten, zu Lebermousse (→ Rezept S. 206), zu getrocknetem Schinken (Wild, Rind), zu Würsten (kalt oder gebraten). Oder pur mit frischer, gesalzener Butter essen.

Hagebuttenweckerl mit Kräutern

Zubereitung

- Germ im warmen Wasser auflösen, etwas Mehl (von den 600 g) dazugeben, dickbreiig anrühren und mit etwas Mehl bestauben. Das Dampfl mit einem sauberen Geschirrtuch zugedeckt bei Zimmertemperatur ca. 15–20 Minuten gehen lassen.
- Dampfl mit restlichem Mehl mit Salz, Olivenöl, Kräutern, Hagebuttenmarmelade und kandierten Hagebutten zu einem glatten Teig verkneten (mit der Hand oder mit Knethaken des Mixers). Den Teig auf ein bemehltes Brett geben, mit dem Geschirrtuch zudecken und nochmals ca. 30 Minuten bei Zimmertemperatur gehen lassen.
- Den Teig in ca. 50–60 g schwere Stücke teilen. Zu Kugeln formen und auf ein Blech mit Backpapier legen. Oben mit einem Sägemesser kreuzweise einschneiden. Mit Olivenöl bepinseln, mit den kandierten Hagebutten belegen und nochmals 10 Minuten offen gehen lassen.
- Im vorgeheizten Backrohr bei ca. 190 °C ca. 20–25 Minuten goldbraun backen. Auskühlen lassen.

Zutaten

- 1 kg zugeputzter Wildschweinschopf
- 1 kg Wildschweinknochen, klein gehackt
- Salz
- schwarzer Pfeffer aus der Mühle
- 2 Zwiebeln, geschält und in Stücke geschnitten
- 1 Petersilwurzel, geschält und in Stücke geschnitten
- 1 Karotte, geschält und in Stücke geschnitten
- 1 gelbe Rübe, geschält und in Stücke geschnitten
- 2 Knoblauchzehen, ungeschält und mit dem Messerrücken zerdrückt
- 2 Zweige Thymian
- 2 Zweige Majoran
- 1 frisches Lorbeerblatt, gebrochen
- 5 Pimentkörner
- 3 EL Pflanzenöl
- 1/4 l roter Portwein
- 1/4 l kräftiger Rotwein (z. B. St. Laurent oder Blaufränkisch)
- 1/4 l Wildjus (→ Grundrezept S. 276)
- 2 EL Hagebuttenmarmelade (→ Rezept S. 200)

- 2 Handvoll Kohlsprossen, aufgeblättert
- 1 EL Butter
- Salz
- etwas gemahlener Kümmel

- 4 EL kandierte Hagebutten (→ Rezept S. 199)
- Majoranblüten zum Garnieren

Wein

St. Laurent oder Blaufränkisch

Glacierter Wildschweinschopf mit Hagebuttensauce und Kohlsprossen

Zubereitung

- Schopf salzen und pfeffern. Das Fleisch in einem Bräter beidseitig in Pflanzenöl scharf anbraten. Herausnehmen. Die Knochen zum Bratrückstand geben und hellbraun rösten. Gemüse, Kräuter und Gewürze dazugeben und kurz durchrösten. Mit Portwein und Rotwein ablöschen und auf ca. die Hälfte einkochen lassen. Das Fleisch wieder einlegen, mit Wildjus und evtl. etwas Wasser untergießen.
- Zugedeckt im vorgeheizten Backrohr bei ca. 200 °C ca. 50 Minuten dünsten. Das Fleisch währenddessen einmal wenden. Das Fleisch ist fertig, wenn es weich ist und beim Anstechen klarer Saft austritt.
- Das Fleisch herausnehmen und die Sauce durch ein feines Sieb passieren. Sauce mit Hagebuttenmarmelade binden und abschmecken.
- Kohlsprossenblätter in einem Topf mit Butter, etwas Wasser und den Gewürzen ca. 5 Minuten bissfest dünsten.
- Den Schopf aufschneiden. Die Sauce auf Tellern verteilen, das Fleisch und die Kohlsprossenblätter darauflegen und mit kandierten Hagebutten und Majoranblüten garnieren.

Kandierte Hagebutten

Zutaten für ca. 2 Handvoll

500 g halbierte, entkernte reife Hagebutten
1/4 l Wasser
600 g Kristallzucker
evtl. etwas Staubzucker

Zubereitung

- Wasser und Zucker aufkochen und ca. 8 Minuten kochen lassen. Hagebutten in den Sirup geben, einmal gut aufkochen. Hagebutten herausnehmen, auf ein Blech mit Backpapier auflegen und evtl. mit etwas Staubzucker besieben.
- Bei Zimmertemperatur ca. 1 Woche offen trocknen lassen.
- Wenn es schneller gehen soll: Im leicht geöffneten Backrohr bei ca. 80–90 °C 5–6 Stunden trocknen lassen.

Lagerung & Haltbarkeit

In Keksdosen oder gut verschließbaren Dosen zwischen Backpapier geschichtet (damit sie nicht zusammenkleben) sind die kandierten Hagebutten ca. 3–4 Monate haltbar. Bei längerer Lagerung werden sie hart.

Verwendung

Kandierte Hagebutten eignen sich für Hagebuttenkrapferl und -weckerl (→ Rezepte S. 201 und 196), für glacierten Wildschweinschopf (→ Rezept S. 198), als Knabberei zum Tee. Falls sie doch einmal hart geworden sein sollten, die Hagebutten in einer Kaffeemühle fein reiben und z. B. für Hagebutteneis – (→ Grundrezept S. 271), auf diese Menge ca. 1–2 EL – oder zum Abschmecken von Rotkraut (statt Preiselbeeren) verwenden.

Hagebuttenmarmelade

Zutaten für ca. 4–6 kleine Vorratsgläser à 250 ml 1 kg halbierte, entkernte reife Hagebutten • 500 g Kristallzucker • 300 g rote Ribisel • Saft von 2 Orangen • evtl. Wodka zum Verschließen

Alle Zutaten in einen Topf geben, mit wenig Wasser untergießen und bei kleiner Flamme ca. 30–40 Minuten breiig einkochen. Die Marmelade durch ein feines Sieb streichen, nochmals kurz aufkochen lassen. In heiß ausgespülte Gläser füllen, evtl. mit etwas Wodka beträufeln und sofort verschließen. Bei Zimmertemperatur abkühlen lassen.

Lagerung & Haltbarkeit An einem kühlen, dunklen Ort (Speisekammer oder Keller reicht) ist die Marmelade mindestens 1 Jahr haltbar.

Verwendung Hagebuttenmarmelade passt zum Frühstück, zum Füllen von Keksen (→ Rezept S. 201) oder Torten, pikant abgeschmeckt (mit etwas Pfeffer oder Chili, Salz, mit etwas Rotwein verdünnt) als eine Art Cumberlandsauce zu Lebermousse und Wildterrinen und zum Abschmecken von Wildsaucen (→ Rezept S. 198).

Zutaten für ca. 40 Stück

Für den Teig

300 g glattes Mehl
200 g weiche Butter
100 g Staubzucker
100 g geriebene geröstete Haselnüsse
Salz
ca. 1 EL Vanillezucker
2 Dotter

1 Dotter zum Bestreichen
3 EL Hagelzucker
ca. 100 g Hagebuttenmarmelade (→ Rezept S. 200)
einige kandierte Hagebutten (→ Rezept S. 199)

Hagebuttenkrapferl mit Haselnüssen

Zubereitung

- Für den Teig alle Zutaten rasch mit den Händen (oder mit den Knethaken des Mixers) zu einem glatten Teig verarbeiten. In Klarsichtfolie wickeln und 1 Stunde im Kühlschrank rasten lassen.
- Teig vierteln, in fingerdicke Rollen formen und in ca. 2 cm breite Stücke schneiden. Daraus Kugeln formen und diese auf ein Blech mit Backpapier setzen. Mit einem Kochlöffelstiel eine Vertiefung in die Kugeln drücken. Mit Dotter bepinseln, mit Hagelzucker bestreuen oder die Kugerl vorsichtig in Hagelzucker tauchen.
- Im vorgeheizten Backrohr bei 190 °C ca. 6–7 Minuten goldgelb backen. Kekse überkühlen lassen.
- Hagebuttenmarmelade glattrühren, mit einem Dressiersack in die Vertiefung der Krapferl füllen und mit kandierten Hagebutten garnieren. In gut verschließbaren Dosen mit Backpapier getrennt aufbewahren. So sind die Krapferl ca. 1 Monat haltbar.

Klettenwurzel

Synonyme: Große Klette
Botanischer Name: *Arctium lappa*

In Japan ist die Kulturform der Klette (Gobo) ein sehr beliebtes Gemüse. Die zweijährige Klettenwurzel wächst wild auf Wiesen, an Weg- und Feldrändern und in Auwäldern. Für diese Rezepte ist die im ersten Jahr ausgegrabene Wurzel am besten geeignet, die noch keine Fruchtstände (Kletten) angesetzt hat. Sie ist etwas dünner, zarter und dezenter im Geschmack als die zweijährige – und vor allem nicht holzig. Die zweijährige Klettenwurzel wird meist getrocknet verwendet.

Klettenwurzel schmeckt würzig-erdig und erinnert an Schwarzwurzel. Sie ist ein typisches, sehr nahrhaftes Wintergemüse, das man gut im Keller in Erde oder kühl und dunkel wie Erdäpfel lagern kann.

Klettenwurzeln immer schälen, sie werden rasch braun und sollten daher sofort weiterverarbeitet werden.

Klettenwurzeln sind im Herbst und Winter manchmal auf Märkten zu finden.

Rezepte mit Klettenwurzel

Zutaten für ca. 4 Rexgläser à 250 ml

1 kg geschälte gleichmäßige Klettenwurzeln
1/4 l weißer Balsamico
1/4 l Wasser
1/4 l trockener Weißwein (z. B. Riesling)
100 g Zucker
ca. 2 TL Salz
200 g blanchierte Mandeln, evtl. halbiert
2 Zweige Rosmarin
4 Sternanis
3 Pimentkörner

4 EL Mandelöl

Lagerung & Haltbarkeit

2 Monate reifen lassen. An einem dunklen, kühlen Ort (Speisekammer oder Keller reicht) ca. 1 Jahr haltbar. Geöffnet im Kühlschrank aufbewahren und innerhalb einer Woche aufbrauchen.

Verwendung

Eingelegte Klettenwurzeln passen als Beilage zu kalten Vorspeisen, z. B. Kalbslebermousse (→ Rezept S. 206), im Einlegesud leicht erwärmt als Beilage zu Taube, Ente, Wildgeflügel oder zu Bittersalaten wie Endivie, Frisée oder Radicchio.

Süß-sauer eingelegte Klettenwurzeln

Zubereitung

- Klettenwurzeln in halbzentimeterdicke Scheiben schneiden.
- Alle Zutaten außer Mandelöl ca. 5 Minuten kochen lassen. Klettenwurzelscheiben dazugeben und einmal gut aufkochen (die Wurzeln sollten bissfest sein).
- Wurzeln herausnehmen und in heiß ausgespülte Rexgläser füllen.
- Die Flüssigkeit noch ca. 5 Minuten reduzieren, heiß über die Wurzeln gießen, mit Mandelöl beträufeln und heiß verschließen. Bei Zimmertemperatur abkühlen lassen.

Kalbslebermousse mit eingelegten Klettenwurzeln

Zutaten für ca. 4–8 Portionen

700 g geputzte (von Sehnen und Haut befreite) Kalbsleber

Für die Marinade

- 1/8 l weißer Portwein
- 2 cl Armagnac oder Cognac
- 1 frisches Lorbeerblatt, gebrochen
- 3 Gewürznelken
- 1 Zweig Rosmarin
- 1 Zweig Thymian
- 4 zerdrückte Wacholderbeeren
- evtl. 1 Zweig Beifuß (frisch oder getrocknet, → Rezept S. 126)
- schwarzer Pfeffer aus der Mühle

- 3 EL Butter
- Salz
- 4 Blatt Gelatine, in kaltem Wasser eingeweicht
- 2 cl weißer Portwein
- 1/4 l geschlagenes Obers

---

1 Glas süß-sauer eingelegte Klettenwurzeln (→ Rezept S. 204)

---

etwas getrockneter Chili und Beifuß zum Garnieren

Tipp

Dazu passen das Gewürzbrot (→ Grundrezept S. 273) oder die Hagebuttenweckerl mit Kräutern (→ Rezept S. 196).

Wein

Gewürztraminer, fruchtiger Neuburger oder Riesling Spätlese

Zubereitung

- Alle Zutaten für die Marinade vermischen. Kalbsleber einlegen, gut in der Marinade wenden und damit bedecken. Mit Klarsichtfolie abdecken und im Kühlschrank mindestens eine Nacht (besser zwei Tage) marinieren lassen.
- Leber auf ein Sieb gießen und gut abtropfen lassen. Butter in einer beschichteten Pfanne hellbraun erhitzen. Die Leber darin kurz von allen Seiten anrösten und salzen. Kurz überkühlen lassen und durch ein feines Drahtsieb streichen (am besten mit einem Passierschwamm). Die Masse in einem Cutter (Moulinette) feinst mixen. In eine Schüssel geben. Die Gelatine ausdrücken, mit dem weißem Portwein erwärmen und auflösen. Unter die Lebermasse rühren. Zum Schluss das geschlagene Obers mit einem Schneebesen vorsichtig unterheben. In eine Schüssel (oder in mit kaltem Wasser ausgespülte Portionsförmchen oder in kleine Schalen) füllen. Im Kühlschrank ca. 2–3 Stunden stocken lassen.
- Zwei Suppenlöffel in kochend heißes Wasser tauchen, auf Küchenrolle abtropfen, aus der Kalbslebermasse Nockerl formen (wie Grießnockerl) und auf Teller portionieren. Mit den eingelegten Klettenwurzeln anrichten, mit Chili und Beifuß garnieren.

Zutaten

200 g geschälte Klettenwurzeln, in Stifte geschnitten
300 g in Würfel geschnittener Kürbis (Muscat de Provence oder Langer von Neapel)
1 EL Butter
2 EL Olivenöl
Salz
weißer Pfeffer aus der Mühle
1 Prise gemahlener Kümmel
1 Spritzer Zitronensaft

150 g aufgeschnittener Hirschschinken

Fenchelkraut und Korianderblüten zum Garnieren

Klettenwurzel-Kürbis-Gemüse mit geräuchertem Hirschschinken

Zubereitung

- Klettenwurzeln in Butter und 1 EL Olivenöl langsam weich (mit Biss) braten. Salzen, pfeffern und evtl. mit etwas Wasser untergießen.
- Kürbis extra im restlichen Olivenöl anschwitzen. Mit Salz, Pfeffer und Kümmel würzen und mit etwas Wasser untergießen. Bissfest dünsten. Mit Zitronensaft abschmecken.
- Einen Portionsring auf einen Teller setzen. Kürbis gut fingerhoch einfüllen und den Ring abziehen. Kürbis mit gebratenen Klettenwurzeln belegen. Den Hirschschinken zu kleinen Röllchen formen, auf dem Gemüse anrichten und mit Fenchelkraut und Korianderblüten garnieren.

Tipp

Das Gemüse sollte lauwarm serviert werden.

Wein

Roter Veltliner, Sauvignon Blanc oder Rosé

Frischkäse
BUTTERFETT

Zutaten

8 Hendlunterkeulen
weißer Pfeffer aus der Mühle
1 Prise Cayennepfeffer
2 Zweige Majoran
1 TL Blütenhonig
2 EL Pflanzenöl

Salz
1 EL Butter
200 g geschälte Klettenwurzeln, in Stifte geschnitten
ca. 1/8 l Gemüsefond (→ Grundrezept S. 272)

Majoranknospen und Basilikum zum Garnieren

Geschmorte Hendlhaxerl mit gebratenen Klettenwurzeln

Zubereitung

- Hendlhaxerl mit Pfeffer, Cayenne, Majoran, Honig und Pflanzenöl vermischen. Eine Nacht im Kühlschrank marinieren lassen.
- Haxerl salzen, in einen Bräter legen und mit Butterflocken belegen. Klettenwurzeln dazugeben. Im vorgeheizten Backrohr bei 190 °C ca. 30 Minuten braten.
- Klettenwurzeln aus dem Bräter heben, salzen, pfeffern und mit Alufolie abdecken. Die im Bräter verbliebenen Hendlhaxerl mit etwas Gemüsefond untergießen, das Backrohr auf ca. 210 °C drehen und die Haxerl 5–8 Minuten braun glacieren.
- Hendlhaxerl mit den Klettenwurzeln anrichten, mit etwas Fond umgießen und mit frischen Kräutern garnieren.

Wein

Muskateller oder Riesling

Klettenwurzelteig

Die zweijährige Klettenwurzel kann man schälen, in Stücke schneiden, in Kisten mit Backpapier oder im Backrohr bei 80–100 °C trocknen. Mit einem Cutter (Moulinette) vermahlen, durch ein feines Sieb sieben und das Klettenwurzelmehl zu Nudelteig (→ Grundrezept S. 275) verarbeiten: 2/3 Mehl, 1/3 Klettenwurzel. Das ergibt einen erdig-würzigen Nudelteig für gefüllte Klettenwurzelblätter (siehe unten). Man kann den Teig auch zu Tagliatelle schneiden und mit Klettenwurzel-Gemüsesugo oder mit Speck und Knoblauch servieren. Oder Ravioli mit Rindfleischfarce (Beinfleisch, Oliven, getrocknete Steinpilze) daraus formen und mit Oliven- oder Steinpilzsauce servieren.

Gefüllte Klettenwurzelblätter mit Oliven-Steinpilz-Ragout

Zutaten 8 dünn ausgerollte Klettenwurzelteigblätter (entspricht ca. 200 g Teig, siehe oben) • 200 g geputzte kleine Steinpilze, geviertelt • 2 Schalotten, klein geschnitten • 1/2 Knoblauchzehe, gehackt • 3 EL Olivenöl • Salz • weißer Pfeffer aus der Mühle • Spritzer Zitronensaft • 100 g schwarze Oliven, grob gehackt • 1 EL gehackte Petersilie • 1 Spritzer weißer Balsamico • 1 EL Crème fraîche • 1 Bund Petersilie, gezupft und in Pflanzenöl frittiert

Klettenwurzelteigblätter in Salzwasser al dente kochen. Steinpilze mit Schalotten und Knoblauch in Olivenöl kurz anrösten. Mit Salz, Pfeffer und Zitronensaft würzen. Oliven beifügen und kurz durchschwenken. Mit Petersilie und weißem Balsamico abschmecken und zum Schluss die Crème fraîche einrühren. 4 Klettenwurzelblätter auf vorgewärmte Teller legen und das Ragout darauf verteilen. Restliche Blätter darüberlegen und mit frittierter Petersilie bestreuen.

Tipp Evtl. mit etwas geriebenem Parmesan servieren.

Wein Grauburgunder

Krause Glucke

Synonym: Fette Henne
Botanischer Name: *Sparassis crispa*

Krause Glucke sieht wie ein Badeschwamm aus und ist deshalb leicht zu erkennen. Sie wächst gerne an Baumstümpfen oder umgefallenen Baumstämmen, vor allem von Kiefern. Krause Glucke kommt eher einzeln vor, kann aber eine stattliche Größe von bis zu einem halben Meter erreichen. Sie hat keine giftigen Doppelgänger.

Krause Glucke hat einen waldig-nussigen Geschmack und ist deshalb ein sehr begehrter Speisepilz. Der Nachteil der Krausen Glucke ist, dass sie wegen der großen, schwammigen Oberfläche sehr aufwändig zum Putzen ist. Am besten geht das mit Pinseln.

Sie kann frisch (ganz kurz in Walnuss- oder Olivenöl gebraten, mit Salz, Pfeffer, einem Spritzer Essig und Petersilie gewürzt, lauwarm serviert) verwendet oder eingelegt werden.

Krause Glucke hält im Kühlschrank nur wenige Tage.

Rezepte mit Krauser Glucke

Zutaten

- 500 g geputzte Rehkeule oder -schulter, in Würfel mit ca. 3 cm Kantenlänge geschnitten
- Salz
- schwarzer Pfeffer aus der Mühle
- 3 EL Pflanzenöl
- 3 rote Zwiebeln, geschält und in grobe Stücke geschnitten
- 10 zerdrückte Wacholderbeeren
- 5 Pimentkörner
- 3 Gewürznelken
- 1 Zweig Rosmarin
- 1 Zweig Thymian
- 1 frisches Lorbeerblatt, gebrochen
- 1/4 l roter Portwein
- 1/4 l Madeira
- 1/4 l Wildjus (→ Grundrezept S. 276)
- 1 EL kalt gerührte Preiselbeeren (→ Grundrezept S. 275)

- 2 Karotten
- 2 gelbe Rüben
- 2 Petersilwurzeln
- 1 EL Butter
- Salz

- 1 Glas eingelegte Krause Glucke (→ Rezept S. 216)

- Majoran zum Garnieren

Tipps

Mit Erdäpfel-Walnuss-Püree servieren. Dafür Erdäpfelpüree statt mit Butter mit Walnussöl montieren.
Im Frühling Maibock statt Reh verwenden.

Wein

Blaufränkisch oder St. Laurent

Rehragout mit Wurzeln und eingelegter Krauser Glucke

Zubereitung

- Rehfleisch salzen und pfeffern. In einem Schmortopf in Pflanzenöl von allen Seiten scharf anbraten. Zwiebelstücke, Gewürze und Kräuter beifügen und kurz mitrösten. Mit Portwein und Madeira ablöschen und fast vollständig einkochen lassen. Mit Wildjus auffüllen. Zugedeckt ca. 40 Minuten langsam weichschmoren.
- Karotten, gelbe Rüben und Petersilwurzeln schälen und in gleichmäßige Stücke schneiden. In Butter kurz anschmoren, mit etwas Wasser untergießen und salzen. Bissfest dünsten.
- Die Fleischstücke aus der Sauce heben und beiseite stellen. Die Sauce mit Preiselbeeren abschmecken, passieren und das Fleisch wieder in die Sauce geben.
- Die eingelegte Krause Glucke im eigenen Sud leicht erwärmen.
- Das Rehragout mit Wurzelgemüse und Krauser Glucke anrichten und mit Majoran garnieren.

Zutaten für ca. 4 Rexgläser à 250 ml

- ca. 1 kg Krause Glucke
- 1/4 l weißer Balsamico
- 1/4 l Wasser
- Salz
- ca. 6–7 weiße Pfefferkörner
- 2 frische Lorbeerblätter, gebrochen
- 2 Zweige Thymian
- ca. 30 Walnusskerne, grob gehackt

- 4 EL Walnussöl

Lagerung & Haltbarkeit

2–3 Monate reifen lassen. An einem kühlen, dunklen Ort (Speisekammer oder Keller reicht) sind die Pilze ca. 1 Jahr haltbar.

Verwendung

Eingelegte Krause Glucke kann man als Vorspeise oder für zwischendurch mit einer Scheibe getoastetem Gundelrebenbrot (→ Rezept S. 58), zu Rohschinken sowie zu Pasteten reichen, mit Salaten mischen (z. B. Endiviensalat), oder im eigenen Sud leicht lauwarm erwärmt zu Ente, Reh (→ Rezept S. 214) oder Hirsch servieren.

Eingelegte Krause Glucke

Zubereitung

- Krause Glucke in kleine Stücke zerteilen und mit einem Pinsel sorgfältig säubern, keinesfalls waschen.
- Essig, Wasser, Gewürze, Kräuter und Walnüsse ca. 5 Minuten kochen lassen. Abseihen.
- Die Pilze in dem Sud einmal aufkochen. Heiß in die Rexgläser füllen und mit der kochenden Flüssigkeit übergießen. Mit etwas Walnussöl bedecken und sofort verschließen. Bei Zimmertemperatur auskühlen lassen.

Rotkappe

Arten: Birkenrotkappe, Eichenrotkappe, Espenrotkappe
Botanische Namen: *Leccinum versipelle, Leccinum quercinum, Leccinum aurantiacum*

Rotkappen gehören zur Gattung der Raufußröhrlinge. Sie sind in heimischen Wäldern zu finden, besonders gerne an Birken, Eichen und Espen (Zitterpappeln). Sie sind nicht so verbreitet wie Steinpilze, sehen aber ähnlich aus. Sie haben eine rötlich-braune Kappe und grau-schwarz gesprenkelte Stiele. Alle Rotkappen sind essbar.

Rotkappen haben ein dezentes, leicht waldig-erdiges Aroma. Sie werden unterschätzt, weil sie oft nicht erkannt werden. Alle Gerichte mit Steinpilzen kann man auch mit Rotkappen zubereiten.

Rotkappen sollten – wie Steinpilze – frisch verwendet werden.

Rezepte mit Rotkappe

Zutaten

8 größere Rotkappen ohne Stiele, geputzt
Salz
1 Spritzer Zitronensaft
50 g Prager oder Beinschinken
50 g in Scheiben geschnittener Emmentaler
1 Handvoll griffiges Mehl
2 versprudelte Eier
1 Handvoll Weißbrotbrösel ohne Rinde (oder Semmelbrösel)
1 EL grob gehackte Petersilie
1 TL gehackter Thymian
Pflanzenöl zum Backen

8 kleinere Scheiben Wassermelone (gelbe oder rote)
etwas grobes Salz

4 EL glattgerührter Sauerrahm
Salz
1 Spritzer Zitronensaft

krause Petersilie zum Garnieren

Wein

Welschriesling oder Weißburgunder

Cordon bleu von der Rotkappe mit gegrillter Wassermelone

Zubereitung

- Rotkappen salzen und mit Zitronensaft beträufeln.
- Die Hälfte des Schinkens nebeneinander auf ein Brett oder einen Teller legen, Emmentaler darauf verteilen und den restlichen Schinken darüberlegen. Schinkenfülle vierteln. Jedes Viertel auf eine Innenseite einer Rotkappe legen, eine zweite Kappe daraufsetzen und nochmals salzen.
- Die Brösel mit den Kräutern vermischen. Die Pilze in Mehl, Ei und Bröseln panieren und in heißem Pflanzenöl (ca. 170 °C) goldbraun backen. Auf Küchenrolle gut abtropfen lassen.
- Die Melonenstücke beidseitig in einer Grillpfanne oder auf einem Grill kurz grillen und etwas salzen.
- Sauerrahm mit Salz und Zitronensaft abschmecken.
- Die Melonenstücke auf Teller verteilen. Die Rotkappen daraufsetzen, mit Sauerrahmsauce und krauser Petersilie garnieren.

Zutaten

- 2 kleine weiße Melanzani
- Salz
- weißer Pfeffer aus der Mühle
- 1 kleiner Bund rotes Basilikum
- 1 EL Olivenöl

- 8 kleinere Rotkappen, geputzt
- 1 EL Olivenöl

- 1 Karotte
- 1 gelbe Rübe
- 1 Pastinake
- 1 Brokkoli
- 1 Handvoll frische Bohnenkerne (z. B. Wachtelbohnen)
- 1 EL Butter
- 1/4 l Paradeiserbutter (= 2/3 Schalottenbutter, → Rezept S. 63, 1/3 Paradeiser-coulis, → Rezept S. 34)

- grobes Salz zum Bestreuen

Gemüsemelange mit Rotkappen auf Paradeiserbutter

Zubereitung

- Die Melanzani der Länge nach halbieren, salzen und ca. 1/2 Stunde stehen lassen. Mit Küchenrolle trockentupfen. In einen Bräter oder eine beschichtete Pfanne legen. Mit Salz und Pfeffer würzen, mit etwas rotem Basilikum bestreuen und mit 1 EL Olivenöl beträufeln.
- Im vorgeheizten Backrohr bei 190 °C ca. 20–25 Minuten mit der Schnittstelle nach oben braten.
- Die Pilze vierteln oder sechsteln. In 1 EL Olivenöl scharf anbraten und mit Salz und Pfeffer würzen.
- Die Gemüse schälen, in kleine Stücke (Würfel oder Scheiben) schneiden und in Salzwasser blanchieren. Die Bohnenkerne ebenfalls in Salzwasser blanchieren. Das Gemüse und die Bohnen kurz in Butter anbraten und mit Salz und etwas Pfeffer würzen.
- Die Paradeiserbutter einmal kurz aufkochen und auf Tellern verteilen. Die Melanzani, das Gemüse und die Pilze darauf verteilen, mit rotem Basilikum garnieren und mit etwas grobem Salz bestreuen.

Tipp

Die Paradeiserbutter passt auch zu anderen Pilzen wie Steinpilzen und Eierschwammerln, zu gebratenem oder gedämpftem Fisch, zu Kaninchen und Kalbfleisch.

Getränk

junger Grüner Veltliner, Rosé oder frisch gepresster Apfel-Karotten-Saft

Sanddorn

Synonyme: Stechdorn
Botanischer Name: *Hippophae rhamnoides*

Der sehr ausdauernde Sanddornstrauch wächst auf bis zu 5.000 m Seehöhe. Er gedeiht am besten auf Sand- und Kiesböden, wächst an Ufern, in Auen und heute auch an Straßenrändern, wo er häufig ausgepflanzt wird. Sanddorn tritt in Massen auf.

Der Erntezeitpunkt ist wichtig, weil Sanddorn am Stock zu gären beginnt. Kurz davor sollte er geerntet werden. Am besten die Beeren angreifen, sie sollen dabei nicht sofort aufplatzen.

Die leuchtend orangen Sanddornfrüchte sind wegen der vielen Dornen schwer zu ernten. Am einfachsten geht es so: Kleinere Sanddornzweige vorsichtig abschneiden. In einen großen Plastiksack gehüllt über Nacht in den Tiefkühler legen. Am nächsten Tag die Beeren über einem ausgebreiteten Tuch oder aufgeschnittenen Sack abklopfen, dabei fallen Beeren und Dornen ab. Die Beeren müssen jetzt nur mehr aussortiert werden. Entweder frisch verarbeiten oder einfrieren.

Sanddornfrüchte sind sehr saftig und haben einen intensiven, säuerlichen Eigengeschmack. Sanddorn wird immer gegart.

Rezepte mit Sanddorn

Zutaten

- 4 Williamsbirnen oder Gute Luise
- 2 EL Kristallzucker, mit 1 Prise Zimt vermischt
- 2 Sternanis
- 2 frische Lorbeerblätter, gebrochen
- 1 Vanilleschote, der Länge nach halbiert und das Mark ausgekratzt
- 2 EL Butter
- 3 EL Blütenhonig
- 2 cl Birnenbrand

- 4 EL Sanddorncoulis (→ Rezept S. 229)
- Schokoladenminze zum Garnieren

Gewürzbirne mit Sanddorn

Zubereitung

- Birnen schälen und mit einem Kugelausstecher von unten das Kerngehäuse entfernen. Die Birnen in eine feuerfeste Form setzen. Mit Zucker, Gewürzen, Vanillemark und -schote, Butter, Honig und Birnenbrand beträufeln. Im vorgeheizten Backrohr bei 190 °C ca. 8–10 Minuten schmoren (je nach Größe der Birnen).
- Sanddorncoulis auf Tellern verteilen, Birnen daraufsetzen und mit den mitgeschmorten Gewürzen und Schokoladenminze garnieren.

Tipp

Löwenzahneis (→ Rezept S. 86) dazu servieren.

Getränk

Hollersaft oder Gewürztee, z. B. Chai, oder roter Süßwein aus z. B. Zweigelt oder Pinot Noir

Zutaten

- 4 Flugentenbrüste (à ca. 150 g), von der Haut befreit, in Scheiben geschnitten
- Salz
- schwarzer Pfeffer aus der Mühle
- eine Handvoll in Stücke geschnittene, blanchierte Fisolen (grün oder gelb)
- 1 Zucchini, geschält und in Würfel geschnitten
- 1 kleines Stück Ingwer, geschält und gehackt
- 2 Schalotten, klein geschnitten
- 1 Prise Koriandersamen, im Mörser zerstoßen
- 2 EL Olivenöl

- 1 EL dunkles Sesamöl
- 4 EL Sanddorncoulis (→ Rezept S. 229)

- Blüten (z. B. Knoblauchblüten) und evtl. marokkanische Minze zum Garnieren

Geschnetzelte Flugentenbrust mit Sanddorn und Fisolen

Tipp

Roter Camargue-Reis passt gut dazu.

Wein

Weißburgunder Barrique oder Riesling

Zubereitung

- Entenstücke salzen und pfeffern.
- In einer Pfanne oder einem Wok Olivenöl erhitzen. Ente, Fisolen und Zucchiniwürfel bei starker Hitze kurz anrösten. Ingwer, Schalotten und Koriandersamen beifügen und kurz mitrösten.
- In Schalen anrichten. Mit Sesamöl und Sanddorncoulis beträufeln und mit Blüten (und evtl. Minze) garnieren.

Sanddornessig

Zutaten für 1 l 1 l verdünnter Essig (Klare Essigessenz mit Wasser auf ca. 2 Prozent Säure verdünnen – siehe Flaschenetikett –, das entspricht etwa dem halben Säuregehalt handelsüblichen Essigs.) • 1/2 l Sanddornsaft (dampfentsaftet) • 1/8 l aufgekochter Orangensaft

Sanddornsaft langsam um die Hälfte reduzieren. Mit dem Essig und dem aufgekochten Orangensaft vermischen, in Flaschen füllen und gut verschließen.

Lagerung & Haltbarkeit 2–3 Monate reifen lassen. An einem kühlen Ort (am besten im Kühlschrank) aufbewahren. So gelagert ist der Essig ca. 1 Jahr haltbar.

Verwendung Sanddornessig passt zu kräftigen Blattsalaten (z. B. Endivie → Rezept S. 230, Chicoree, Radicchio, Rot-, Weißkraut), für Wurzelsalate (z. B. Karotten oder Knollensellerie), für Vinaigrette (→ Grundrezept S. 275), zum Abschmecken von Geflügelsaucen oder Jus und zum Verfeinern von Marinaden.

Sanddorncoulis

Zutaten für ca. 4 Gläser à 250 ml 1 kg Sanddornbeeren • 300 g Gelierzucker (1:1) • Saft von 3 Orangen • evtl. Saft von 1 Zitrone

Früchte mit den anderen Zutaten vermischen und langsam ca. 10 Minuten köcheln lassen. Heiß in heiß ausgespülte Gläser füllen und sofort verschließen. Bei Zimmertemperatur abkühlen lassen.

Lagerung & Haltbarkeit Das Coulis kann sofort verwendet werden. An einem kühlen, dunklen Ort (Speisekammer oder Keller reicht) ist es mindestens 1 Jahr haltbar.

Verwendung Sanddorncoulis eignet sich für Desserts mit Äpfeln, Birnen (z. B. Gewürzbirne, → Rezept S. 226), Quitten, für Eis und Sorbet. Es passt zu Grießschmarren, Liwanzen, zu Wildgeflügel wie z. B. Fasan, Wildente, Ente (→ Rezept S. 228) und zu Vorspeisen wie Geflügelleber.

Tipp Für Sanddorneis 1 Teil Eis-Grundmasse (→ Grundrezept S. 271) mit 1 Teil passiertem Sanddorncoulis vermischen, in der Eismaschine cremig frieren und kurz vor dem Fertigwerden etwas Sanddorncoulis (mit ganzen Früchten) beifügen.

Zutaten

die Herzen von 2 Köpfen Endiviensalat, gewaschen, geschleudert, in kleine Stücke zerteilt
2 EL gezupfte Kräuter (z. B. Rosmarin, krause Petersilie, Estragon)

Für die Vinaigrette

4 EL Sanddornessig (→ Rezept S. 229)
Salz
weißer Pfeffer aus der Mühle
1 TL Blütenhonig
4 EL Traubenkernöl

300 g Hendlherzen, halbiert
Salz
schwarzer Pfeffer aus der Mühle
2 EL Olivenöl
1 Spritzer weißer Portwein

2 EL Sanddorncoulis zum Garnieren

Endiviensalat mit gerösteten Hendlherzen und Sanddorn

Zubereitung

- Für die Vinaigrette alle Zutaten mit einem Spiralbesen sehr gut verrühren und abschmecken.
- Endiviensalat und Kräuter mit der Vinaigrette marinieren und anrichten.
- Hendlherzen salzen und pfeffern. In Olivenöl scharf anbraten. Mit etwas Portwein ablöschen.
- Die Herzen auf dem Salat verteilen und mit Sanddorncoulis garnieren.

Getränk

Steirischer Chardonnay (Morillon), Sturm oder Bier

Schlehe

Synonyme: Schlehdorn, Schwarzdorn
Botanischer Name: *Prunus spinosa*

Die Schlehe ist vermutlich die Urform der Zwetschke. Schlehen sind weit verbreitet, sie wachsen struppig und dicht an Wald- und Feldrändern sowie auf Hügeln, weil sie sonnige Standorte besonders mögen. Die Schlehe blüht sehr bald im Frühjahr weiß und trägt neben vielen Dornen im Herbst dunkelblau-violette bis schwarze Früchte, die – ähnlich wie Zwetschken – von einer hellen Wachsschicht überzogen sind. Man erntet sie am besten nach dem ersten Frost – allerdings muss man sie dann mit Vögeln teilen. Wenn man die Schlehen schon erntet, wenn die Früchte schön dunkelblau und ausgebildet sind, aber noch keinen Frost abbekommen haben, müssen sie eingefroren werden. Wegen der stacheligen Zweige empfiehlt es sich, bei der Ernte Handschuhe zu verwenden.

Die Früchte flach auflegen und einfrieren. Aroma und Farbe werden so viel stärker als bei der Verwendung frischer Schlehen.

Schlehen schmecken herb-säuerlich und färben intensiv.

Rezepte mit Schlehe

Zutaten

4 Hasenläufe
Salz
schwarzer Pfeffer aus der Mühle
4 EL Pflanzenöl
1 Prise Pimentpulver

2 Zwiebeln, geschält und in grobe Stücke geschnitten
1 Karotte, geschält und in grobe Stücke geschnitten
1 Petersilwurzel, geschält und in grobe Stücke geschnitten
1 Zweig Rosmarin
1 Zweig Salbei
ca. 8 zerdrückte Wacholderbeeren
1/4 l roter Portwein
1/2 l kräftiger Rotwein
1/2 l Wildjus (→ Grundrezept S. 276)
evtl. 2 cl Cognac

Für das Gemüse

2 Karotten
2 Pastinaken
1 gelbe Rübe
1 Handvoll kleine Tellerzwiebeln (Cipollini-Zwiebeln, kleine, flache, süßliche Perlzwiebeln)
1 EL Butter
1 EL Pflanzenöl

4 EL Schlehencoulis (→ Rezept S. 236)
frischer Rosmarin zum Garnieren

Wein

Pinot Noir, St. Laurent oder Syrah

Geschmorter Hasenlauf mit kleinem Gemüse und Schlehensauce

Zubereitung

- Hasenläufe salzen und pfeffern. In einem Bräter in Pflanzenöl kurz beidseitig anbraten. Herausnehmen und mit Pimentpulver bestreuen. Im Bratrückstand Zwiebel, Wurzeln, Kräuter und Gewürze anrösten. Mit Port- und Rotwein ablöschen und auf ca. die Hälfte reduzieren, Hasenläufe wieder dazugeben und mit Wildjus untergießen. Zugedeckt im vorgeheizten Backrohr bei ca. 190 °C ca. 45 Minuten weichschmoren (Hasenlauf ist fertig, wenn er weich ist und sich das Fleisch vom Knochen löst.)
- Karotten, Pastinaken, gelbe Rübe und Tellerzwiebeln schälen. Wurzeln in Scheiben schneiden. Alles gemeinsam in Butter und Pflanzenöl kurz anrösten, salzen, mit etwas Wasser untergießen und weichschmoren.
- Die Hasenläufe aus dem Bräter nehmen und mit Alufolie abdecken. Die Sauce durch ein feines Sieb passieren und evtl. mit einem Schuss Cognac abschmecken.
- Das Schlehencoulis mit etwas Wasser erhitzen.
- Hasenläufe nochmals kurz in der Sauce erwärmen. Mit dem Gemüse anrichten und mit etwas Sauce umgießen. Die Läufe mit Schlehencoulis überziehen und mit Rosmarin garnieren.

Schlehencoulis

Zutaten für ca. 2 Gläser à 250 ml 500 g gefrorene Schlehen • ca. 100 g Kristallzucker (für pikante Gerichte reicht diese Zuckermenge, für süße den Zuckeranteil evtl. um ca. 50 g erhöhen, ist aber auch dafür nicht unbedingt notwendig) • 1/8 l Wasser • 4 cl Wodka • evtl. Wodka zum Beträufeln

Alle Zutaten in einen Topf geben, vermischen und bei kleiner Flamme langsam (ca. 20 Minuten) zu püreeartiger Konsistenz kochen. Dabei öfter umrühren. Durch ein Drahtsieb streichen. Noch einmal aufkochen und dabei evtl. mit etwas Wasser verdünnen. In heiß ausgespülte Gläser füllen. Evtl. mit etwas Wodka beträufeln und sofort verschließen. Bei Zimmertemperatur abkühlen lassen.

Lagerung & Haltbarkeit Das Coulis kann sofort verwendet werden An einem kühlen, dunklen Ort (Speisekammer oder Keller reicht) ist es mindestens 1 Jahr haltbar.

Verwendung Schlehencoulis passt zu Wild (Reh, Feldhase, Hirsch, Wildschwein, Gämse), → Rezept S. 234, zu Lebergerichten (Gänse-, Kalbsleber, siehe unten), zu Fleischterrinen, zu kalten Vorspeisen, z. B. geräuchertem Schinken (Hirsch, Tiroler) und zu Desserts (→ Rezept S. 237).

Gebratene Kalbsleber mit Schlehensauce

Zutaten 4 Scheiben geputzte Kalbsleber (à ca. 150 g, ca. 1–2 cm dick geschnitten) • Salz • schwarzer Pfeffer aus der Mühle • 1 EL Butter • 1 EL Pflanzenöl • 1 Zweig Salbei • 1/8 l Kalbsjus (→ Grundrezept S. 274) • 1–2 EL Schlehencoulis (siehe oben)

Kalbsleberscheiben salzen und pfeffern. In Pflanzenöl und Butter beidseitig mit dem Salbei kurz anbraten (ca. 1 Minute pro Seite). Herausnehmen, mit Alufolie abdecken und ca. 2–3 Minuten rasten lassen. Den Bratrückstand mit Kalbsjus auffüllen. Schlehencoulis dazugeben und einmal gut durchkochen. Sauce mit Pfeffer abschmecken und durch ein feines Sieb passieren. Die Kalbsleber anrichten und mit der Sauce überziehen.

Tipp Dazu Erdäpfel-Haselnuss-Püree servieren: Erdäpfelpüree mit 3 EL brauner Nussbutter – Butter langsam haselnussbraun bräunen – oder 4 EL Haselnussöl gut verrühren. Zum Schluss fein geriebene geröstete Haselnüsse (auf 1 kg Erdäpfel ca. 2 EL) untermengen.

Wein Blaufränkisch

Zutaten für ca. 6–8 Portionen

- 100 g Bitter-Kuvertüre (ca. 60–70 Prozent Kakaogehalt)
- 130 g weiche Butter
- 60 g Vanillezucker
- 6 Dotter
- 150 g geriebene braune Mandeln
- 25 g glattes Mehl
- 2 EL Schlehencoulis (→ Rezept S. 236)
- 6 Eiweiß
- 100 g Kristallzucker
- Salz

- 4 EL Schlehencoulis zum Dippen
- marokkanische Minze zum Garnieren
- Staubzucker

Bitterschokoladenkuchen mit Schlehencoulis

Zubereitung

- Kuvertüre über Dampf lippenwarm schmelzen.
- Butter mit Vanillezucker schaumig rühren. Dotter nach und nach einrühren. Die Kuvertüre unterrühren. Mandeln mit Mehl vermischen und unter die Masse rühren. Das Schlehencoulis beifügen. Eiweiß mit Kristallzucker und Salz zu steifem Schnee schlagen. Den Schnee vorsichtig mit einem Teigschaber oder einem Schneebesen unterheben (am besten zuerst ein Drittel, glattrühren, dann den Rest).
- Die fertige Masse dreiviertelhoch in gebutterte, bemehlte Portionsförmchen oder eine Kastenform füllen.
- Im vorgeheizten Backrohr bei 170 °C die Kastenform ca. 55 Minuten, die Portionsförmchen ca. 40–45 Minuten backen. Kuchen sofort auf ein Kuchengitter stürzen und abkühlen lassen.
- Kuchen mit Staubzucker anzuckern, Schlehencoulis mit Minze garnieren und extra zum Dippen servieren.

Wein

Zweigelt Beeren- oder Trockenbeerenauslese oder Vintage Port

Zutaten für ca. 8 Portionen

Für den Palatschinkenteig

1/2 l Milch
100 ml Obers
1 Prise Salz
240 g glattes Mehl
6 Eier
4 EL Butterschmalz

1 kleines Glas Schlehenmarmelade (→ Rezept S. 241)
evtl. etwas Schlehenbrand

Staubzucker zum Bestreuen

Für den Krokant

200 g geröstete, geschälte Haselnüsse
50 g Kristallzucker

Schlehenpalatschinken

Zubereitung

- Für den Krokant Zucker in einer beschichteten Pfanne hellbraun karamellisieren. Haselnüsse dazugeben und einmal durchrühren. Auf ein beöltes Blech (oder auf Backpapier) gießen und erkalten lassen. Den Krokant in Stücke zerbrechen und anschließend in einem Cutter (Moulinette) nicht zu fein reiben.
- Für die Palatschinken Milch und Obers mit Salz und Mehl mit einem Schneebesen glattrühren. Eier nach und nach einrühren. Den Teig evtl. durch ein Sieb passieren. Ca. 1/2 Stunde rasten lassen.
- In einer beschichteten Pfanne oder Crêpepfanne in Butterschmalz dünne Palatschinken backen.
- Die Schlehenmarmelade evtl. mit Schlehenbrand glattrühren.
- Die Palatschinken mit der Marmelade füllen, einrollen und anrichten. Mit Staubzucker besieben, mit Krokant bestreuen und mit etwas Schlehenmarmelade garnieren.

Tipp

Falls Teig übrig bleibt, mit einer Prise Muskatnuss und 1–2 EL gehackter Petersilie verfeinern und in Pflanzenöl (nicht in Butterschmalz, passt nicht zur Rindssuppe) Palatschinken für Frittaten backen.

Schlehenmarmelade

Zutaten für ca. 2–3 kleine Rexgläser à 250 ml 500 g gefrorene Schlehen • 250 g Kristallzucker • ca. 1/8 l Wasser • evtl. Wodka zum Beträufeln

Alle Zutaten in einen Topf geben und bei kleiner Flamme ca. 20–25 Minuten zu breiiger Konsistenz einkochen. Die Marmelade durch ein feines Sieb streichen und nochmals kurz aufkochen lassen. In heiß ausgespülte Rexgläser füllen. Evtl. mit etwas Wodka begießen und sofort verschließen. Bei Zimmertemperatur abkühlen lassen.

Lagerung & Haltbarkeit An einem kühlen, dunklen Ort (Speisekammer oder Keller reicht) ist die Marmelade mindestens 1 Jahr haltbar.

Verwendung Schlehenmarmelade schmeckt zum Frühstück, passt sehr gut zu Vollkorngebäck, für Desserts (Palatschinken → Rezept S. 240), zum Füllen von Torten, Keksen, Tascherln (wie Powidltascherl, z. B. mit Lebkuchenbröseln).

Schlehenessig

Zutaten für 1 l 1 l verdünnter Essig (Klare Essigessenz mit Wasser auf ca. 2 Prozent Säure verdünnen – siehe Flaschenetikett –, das entspricht etwa dem halben Säuregehalt handelsüblichen Essigs.) • 250 g gefrorene Schlehen

Schlehen mit einem Schuss Wasser einmal aufkochen und überkühlen lassen. Mit einer Gabel etwas zerdrücken und mit dem Essig vermischen. In Gläser füllen und gut verschließen. Ca. 4–6 Wochen an einem kühlen Ort stehen lassen. (Der Essig wird dabei sehr dunkel.) Anschließend durch ein feines Tuch abseihen und in Flaschen abfüllen.

Lagerung & Haltbarkeit An einem kühlen Ort (am besten im Kühlschrank) aufbewahren. So gelagert ist der Essig ca. 1 Jahr haltbar.

Verwendung Schlehenessig passt in Vinaigrette (→ Grundrezept S. 275) zu kräftigen Salaten und Bittersalaten (→ Rezept S. 242), zu Gemüsesalaten wie Kohl, Kraut, zum Abschmecken für Essigsaucen, für Wild, Rind, Wildgeflügel. In einem Sprüher z. B. für marinierte, lauwarme Paprika. Oder den Essig zu Sirup einkochen und zu Rotschmierkäse (z. B. Schlierbacher, Epoisses) servieren.

Zutaten

- 2 Radicchio (Treviso)
- 2 Handvoll italienischer Stielkohl
- 3 EL Olivenöl
- Salz
- schwarzer Pfeffer aus der Mühle

Für die Vinaigrette

- 3 EL Schlehenessig (→ Rezept S. 241)
- Salz
- schwarzer Pfeffer aus der Mühle
- 1 Prise Gewürznelkenpulver
- 1 Prise Staubzucker
- 3 EL Olivenöl

krause Petersilie zum Garnieren

Radicchio-Kohl-Salat mit Schlehenvinaigrette

Tipp

Gewürzbrot (→ Grundrezept S. 273) in Scheiben schneiden, in der Pfanne in Olivenöl toasten und dazu servieren.

Wein

Traminer oder Grauburgunder

Zubereitung

- Für die Vinaigrette alle Zutaten mit einem Spiralbesen sehr gut verrühren und abschmecken.
- Radicchio aufblättern und die groben Stiele entfernen. Die groben Stiele des Stielkohls ebenfalls entfernen. Stielkohl waschen und mit einer Salatschleuder trockenschleudern.
- Radicchio und Stielkohl in Olivenöl kurz anrösten, salzen und pfeffern.
- Den Salat warm marinieren. Anrichten, mit krauser Petersilie garnieren und noch lauwarm servieren.

Semmelstoppelpilz

Synonym: Semmelpilz
Botanischer Name: *Hydnum repandum*

Semmelstoppelpilze findet man im Herbst bis zum Frost, sie kommen in Laub- und Nadelwäldern in größeren Mengen vor. Wichtig ist, dass sie jung geerntet werden, ältere Exemplare schmecken bitter. Es gibt keine giftigen Doppelgänger. Sie haben eine relativ feste Konsistenz, daher eignen sie sich sehr gut zum Einlegen und Braten. Sie können auch mit deftigen Zutaten gut kombiniert werden. Aus den Semmelstoppelpilzen lässt sich gut Pilzmehl machen (Pilze trocknen, mit einer Kaffeemühle reiben, durchsieben und zum Verfeinern von Risotto, Pasta, Gnocchi, Suppen etc. verwenden).

Der Semmelstoppelpilz hat ein leicht erdiges, pfeffriges Aroma, aber keinen sehr intensiven Eigengeschmack.

Semmelstoppelpilze halten im Kühlschrank ein paar Tage.

Beim Putzen mit einem kleinen Messer die brüchigen Stacheln von der Kappenunterseite entfernen.

Rezepte mit Semmelstoppelpilz

Zutaten für ca. 4 Rexgläser à 250 ml

- ca. 1 kg Semmelstoppelpilze
- 1/4 l Wasser
- 1/8 l Weißwein- oder Estragonessig (→ Grundrezept S. 271)
- Salz
- 5 schwarze Pfefferkörner
- 1 TL gelbe Senfkörner
- 5 Korianderkörner
- 1 Zweig Estragon
- 2 frische Lorbeerblätter, gebrochen
- 1 EL Akazienhonig

- 8 EL Traubenkernöl

Lagerung & Haltbarkeit

2–3 Monate reifen lassen. An einem kühlen, dunklen Ort (Speisekammer oder Keller reicht) sind die Pilze ca. 1 Jahr haltbar.

Verwendung

Eingelegte Semmelstoppelpilze schmecken zu Gewürzbrot (→ Grundrezept S. 273) als Vorspeise oder für zwischendurch. Sie passen zu Salami, zu Lamm- (→ Rezept S. 248) und Rindfleischgerichten, zur Taube, zu Kürbis, Schwarz- oder Klettenwurzel.

Eingelegte Semmelstoppelpilze

Zubereitung

- Pilze putzen und mit einem kleinen Messer die Stacheln von der Kappenunterseite entfernen. In Stücke schneiden.
- Pilze in der Hälfte des Traubenkernöls beidseitig kurz anbraten (ohne Farbe). Locker in Rexgläser schlichten.
- Wasser und Essig mit allen Zutaten (bis auf das Öl) ca. 5 Minuten kochen und heiß über die Pilze leeren. Mit etwas Traubenkernöl bedecken und sofort verschließen. Bei Zimmertemperatur abkühlen lassen.

Zutaten

- 4 Lammfilets (à ca. 150 g)
- Salz
- schwarzer Pfeffer aus der Mühle
- 3 EL Olivenöl
- 2 Knoblauchzehen, ungeschält und mit dem Messerrücken zerdrückt
- 2 Zweige Thymian
- 1/8 l Rotwein (z. B. Zweigelt)
- 1/8 l Kalbsjus (→ Grundrezept S. 274)

- 8 kleine Erdäpfel, in der Schale gekocht und der Länge nach halbiert
- 2 EL Olivenöl
- Salz

- 1 Glas eingelegte Semmelstoppelpilze (→ Rezept S. 246)

- einige Thymianzweige zum Garnieren

Lammfilet mit eingelegten Semmelstoppelpilzen und gebratenen Erdäpfeln

Zubereitung

- Lammfilets salzen und pfeffern. Mit den Knoblauchzehen und dem Thymian in Olivenöl beidseitig kurz anbraten. Herausnehmen, in Alufolie wickeln und ca. 5 Minuten ziehen lassen. Bratrückstand mit Rotwein ablöschen und mit Kalbsjus auffüllen. Kurz einkochen lassen und abseihen.
- Die Erdäpfel mit der Schnittfläche nach unten in Olivenöl langsam knusprig braten, salzen.
- Semmelstoppelpilze im eigenen Sud kurz erwärmen. Lammfilets aufschneiden, mit Semmelstoppelpilzen und Erdäpfeln anrichten, mit dem Jus umgießen und mit Thymianzweigen garnieren.

Wein

Zweigelt

Zutaten

300 g Semmelstoppelpilze, geputzt, mit einem kleinen Messer die Stacheln von der Kappenunterseite entfernt, in Stücke geschnitten

300 g Kürbis (am besten Langer von Neapel), geschält, entkernt, kleinwürfelig geschnitten

3 EL Olivenöl

1 EL Butter

2 Zweige Majoran

Salz

weißer Pfeffer aus der Mühle

1 Prise gemahlener Kümmel

1 Spritzer Zitronensaft

evtl. etwas Gemüsefond (→ Grundrezept S. 272)

Majoranzweige zum Garnieren

Gebratene Semmelstoppelpilze mit Kürbis

Zubereitung

- Pilze und Kürbis in Olivenöl und Butter anbraten. Majoranzweige dazugeben, mit Salz, Pfeffer, Kümmel und Zitronensaft würzen. Kurz mitschmoren und evtl. mit etwas Gemüsefond oder Wasser untergießen.
- Abschmecken. Anrichten und mit Majoran garnieren.

Tipp

Als Vorspeise oder Hauptspeise – auch zu Hirsch, Reh oder Hase – geeignet.

Wein

Chardonnay, Weiß- oder Grauburgunder

Zutaten

- 300 g Blunze, geschält und in fingerdicke Scheiben geschnitten
- 2 versprudelte Eier
- 1 Handvoll griffiges Mehl
- Pflanzenöl zum Frittieren

- ca. 200 g Semmelstoppelpilze, geputzt, mit einem kleinen Messer die Lamellen von der Kappenunterseite entfernt, in Stücke geschnitten
- 3 EL Olivenöl
- Salz
- schwarzer Pfeffer aus der Mühle

Für die Sauerrahmsauce

- 1/8 l Sauerrahm
- Salz
- 1 Spritzer Zitronensaft
- 1 EL frisch gerissener Kren

- Salbei zum Garnieren
- geschroteter schwarzer Pfeffer

Knusprige Blunzenscheiben mit Semmelstoppelpilzen und Sauerrahmsauce

Zubereitung

- Blunzenscheiben durch das versprudelte Ei ziehen, im Mehl wenden und in heißem Pflanzenöl (ca. 170 °C) knusprig backen. Auf Küchenrolle gut abtropfen lassen.
- Semmelstoppelpilze in Olivenöl beidseitig langsam braten, mit Salz und Pfeffer würzen.
- Für die Sauerrahmsauce alle Zutaten verrühren und abschmecken.
- Blunzenscheiben mit den Semmelstoppelpilzen und der Sauerrahmsauce anrichten, mit Salbei und geschrotetem Pfeffer garnieren.

Tipp

Warmer Krautsalat passt gut dazu.

Getränk

Bier oder Grüner Veltliner

Stachys

Synonyme: Knollenziest, Chinesische/Japanische Artischocke, Japanische Kartoffel, Japanknolle
Botanischer Name: *Stachys sieboldii*

Stachys kommen ursprünglich aus China, sie sind in Japan sehr beliebt, bei uns aber kaum bekannt. Sie wachsen wie Erdäpfel unter der Erde und bevorzugen eher sandige Böden. Pro Pflanze sind mehrere der eingekerbten Wurzelknollen zu finden.

Stachys schmecken erdig-nussig, sie erinnern an Artischocken und Erdäpfel. Man kann sie roh essen, braten oder kurz blanchieren. Stachys passen sehr gut zu Taube, Perlhuhn und Ente, aber auch zu Rind.

Stachys halten im Kühlschrank ein paar Tage, trocknen aber rasch aus.

Sie werden gründlich mit einer Bürste gewaschen und nicht geschält.

Stachys sind manchmal auf Märkten oder in Bioläden zu finden.

Rezept mit Stachys

Gebratene Stachys mit Ananassalbei **254**

Zutaten

- 300 g geputzte Stachys (Wurzelfäden entfernen, waschen, nicht schälen)
- 1 EL Olivenöl
- 1 EL Butter
- Salz
- weißer Pfeffer aus der Mühle
- ca. 1/8 l Gemüsefond (→ Grundrezept S. 272)
- 1 Spritzer Zitronensaft
- 1 Prise Staubzucker
- einige gezupfte Blätter Ananassalbei

- Ananassalbeiblüten zum Garnieren

Tipp

Als vegetarisches Hauptgericht oder zu Kalbfleischgerichten (gebratene Kalbsstelze, Kalbsrollbraten, Kalbskotelett) servieren.

Wein

Chardonnay oder kräftiger Grüner Veltliner

Gebratene Stachys mit Ananassalbei

Zubereitung

- Die Stachys in Butter und Olivenöl anbraten. Mit Salz und Pfeffer würzen. Nach und nach mit etwas Gemüsefond untergießen. Mit Zitronensaft und Staubzucker verfeinern und kurz glasig rösten. Den gezupften Ananassalbei beigeben und kurz mitrösten
- Anrichten und mit Blüten vom Ananassalbei garnieren.

Vogelbeere

Synonym: Eberesche
Botanischer Name: *Sorbus aucuparia*

Vogelbeeren werden seit der Antike genützt. Die genügsamen Bäume wachsen auf nährstoffarmen Böden. Vogelbeeren kommen in größeren Mengen an Wald- und Wiesenrändern vor. Die Beeren sollen bei der Ernte schön reif sein. Das ist dann der Fall, wenn die Dolden nach unten hängen. Man kann den ersten Frost abwarten, aber bis dahin haben die Vögel schon den Großteil geerntet. Die Vogelbeere ist eng mit Speierling und Elsbeere verwandt, die ebenfalls essbar sind.

Vogelbeeren haben einen würzig-kräftigen, säuerlichen Geschmack, der ganz zart an Mandeln bzw. Marzipan erinnert. Am besten schmecken die Früchte der Mährischen Eberesche, sie sind im Gegensatz zu denen der Wilden Eberesche nicht bitter. Vogelbeeren werden immer gegart, sie sind jedoch nicht giftig. Einfrieren mildert den herben Geschmack.

Vogelbeeren halten ein paar Tage im Kühlschrank.

Vor der Verwendung immer abrebeln, weil die Stiele sehr bitter schmecken. Vogelbeeren sind sehr ergiebig.

Rezepte mit Vogelbeere

Zutaten

150 g Milch
50 g Kristallzucker
1 Dotter
15 g (ca. 1 EL) Vanillepuddingpulver
1–2 cl Amaretto
20 g blanchierte Mandeln, fein gehackt
2 Blatt Gelatine, in kaltem Wasser eingeweicht
400 g geschlagenes Obers

4 EL Vogelbeerkompott (→ Rezept S. 265), gehackte blanchierte Mandeln und Minze zum Garnieren

Vogelbeercreme mit weißen Mandeln

Zubereitung

- Milch mit Zucker aufkochen.
- Dotter mit Puddingpulver und Amaretto glattrühren. In die kochende Milch gießen und einmal unter ständigem Rühren kurz aufkochen. Vom Herd ziehen. Die gehackten Mandeln und die ausgedrückte Gelatine dazugeben. Gut verrühren und kurz überkühlen lassen.
- Kurz vor dem Stocken das geschlagene Obers mit einem Schneebesen unterziehen.
- Vogelbeerkompott abseihen, einige Vogelbeeren in ein Glas oder eine Schale geben und die Creme darauf verteilen. Ca. 3 Stunden im Kühlschrank stocken lassen.
- Vor dem Servieren mit Vogelbeerkompott, grob gehackten Mandeln und Minze garnieren.

Getränk

Vogelbeerbrand

Vogelbeer-Cremeschnitten

Die Creme wie im vorigen Rezept zubereiten, aber 3 Blatt Gelatine verwenden. Mit dem Obers 4 EL abgetropftes Vogelbeerkompott (→ Rezept S. 265) und evtl. 1 EL Vogelbeerpaste (→ Rezept S. 266) für noch intensiveres Aroma unterziehen.

Ca. 250 g Blätterteig (→ Grundrezept S. 270) rechteckig ca. 0,5 cm dick (dicker als üblich!) gleichmäßig ausrollen. Auf ein Blech mit Backpapier legen und bei 200 °C im vorgeheizten Backrohr ca. 10–12 Minuten knusprig backen. Herausnehmen und überkühlen lassen. Mit einem großen Brett beschweren, damit der Teig gleichmäßig flach wird. Den Teig halbieren und auf einer Hälfte die Creme gleichmäßig verteilen. Die zweite Hälfte obenauf setzen (mit der schönen, glatten Unterseite nach oben) und leicht andrücken. Kurz bei Raumtemperatur stocken lassen. Anzuckern oder mit Fondant (oder Zuckerglasur) glasieren. Mit einem Sägemesser portionieren.

Eingelegte Vogelbeeren

Zutaten für ca. 5 Gläser à 250 ml 1 kg gerebelte Vogelbeeren • 1/4 l trockener Weißwein (z. B. Riesling) • 1/4 l Wasser • 100 g Kristallzucker • 1 Bittermandel

Wasser und Wein mit Zucker und Bittermandel ca. 5 Minuten kochen, Vogelbeeren dazugeben und einmal aufkochen. Sofort in heiß ausgespülte Gläser füllen und verschließen. Bei Zimmertemperatur abkühlen lassen.

Lagerung & Haltbarkeit Mindestens 2 Monate reifen lassen. An einem kühlen, dunklen Ort (Speisekammer oder Keller reicht) sind die eingelegten Vogelbeeren ca. 1 Jahr haltbar.

Verwendung Eingelegte Vogelbeeren passen zu Wildgerichten (z. B. Rehbraten, Ragouts), Wildgeflügel (Fasan, Wildente), zu Innereien (Niere, Leber, → Rezept S. 261) und zu luftgetrocknetem Schinken.

Zutaten

- 2 kleine Kalbsnieren, vom Fettmantel befreit, in kleine Stücke geschnitten
- Salz
- schwarzer Pfeffer aus der Mühle
- 2 EL Olivenöl
- 2 Schalotten, geschält und klein geschnitten
- 4 cl Gin
- 1/16 l weißer Portwein
- 0,2 l Kalbsjus (→ Grundrezept S. 274)

- 12 Viola (oder Kipfler), gekocht und geschält
- 1 EL Pflanzenöl
- 1 EL Butter
- Salz

- etwas Gemüse nach Belieben, z. B.:
- 2 Handvoll gedämpfter italienischer Stielkohl
- 4 glacierte weiße Rüben
- oder Pastinaken, violette Karotten, Artischocken, Brokkoli

- 4 EL eingelegte Vogelbeeren (→ Rezept S. 260)

Geröstete Kalbsniere mit Vogelbeeren und gebratenen Viola

Zubereitung

- Kalbsnierenstücke salzen und pfeffern. In Olivenöl scharf anbraten, Schalotten dazugeben und kurz mitbraten. Mit Gin flambieren (Gin darübergießen, vorsichtig anzünden und warten, bis die Flammen erlöschen). Nieren herausnehmen.
- Bratrückstand mit Portwein ablöschen, kurz einkochen und mit Kalbsjus auffüllen. Etwas reduzieren, die Nieren dazugeben und kurz in der Sauce erwärmen.
- Die Erdäpfel in Öl und Butter kurz braten und salzen.
- Die Kalbsnieren anrichten. Die eingelegten Vogelbeeren in etwas eigenem Fond erwärmen, abseihen und ohne Flüssigkeit über den Nieren verteilen. Erdäpfel und Gemüse dazu servieren.

Wein

Blauburger oder Roter Veltliner

Zutaten

- 100 g gelbe Linsen
- 2 Schalotten, geschält und klein geschnitten
- 1 Knoblauchzehe, geschält und gehackt
- 2 EL Butter
- Salz
- weißer Pfeffer aus der Mühle
- 1/2 l Gemüsefond (→ Grundrezept S. 272)
- 1/4 l Obers
- 1 Spritzer weißer Balsamico
- 2 EL Vogelbeerpaste (→ Rezept S. 266)

2 EL eingelegte Vogelbeeren (→ Rezept S. 260) und etwas frisch gezupfter Majoran zum Garnieren

Gelbe Linsensuppe mit Vogelbeeren

Zubereitung

- Schalotten und Knoblauch in Butter anschwitzen. Linsen dazugeben, kurz glasig rösten. Salzen, pfeffern und mit Gemüsefond und Obers auffüllen. Langsam bei kleiner Flamme weichkochen. Mit dem Pürierstab mixen und durch ein Sieb abseihen. Nochmals aufkochen, mit Vogelbeerpaste und weißem Balsamico abschmecken.
- Kurz aufmixen und anrichten. Im eigenen Fond leicht erwärmte Vogelbeeren abseihen und als Einlage verwenden. Mit frischem Majoran garnieren.

Vogelbeerkompott

Zutaten für ca. 4–5 Gläser à 250 ml

- 1 kg gerebelte Vogelbeeren
- 1/4 l Wasser
- 1/8 l weißer Rum
- 1 Vanilleschote, der Länge nach halbiert und das Mark ausgekratzt
- 150 g Kristallzucker
- 1 kleines Stück Zimtrinde

Zubereitung

- Wasser, Rum, Vanillemark und -schote, Zucker und Zimt ca. 5 Minuten kochen. Vogelbeeren dazugeben und einmal aufkochen.
- In heiß ausgespülte Gläser füllen und sofort verschließen. Bei Zimmertemperatur abkühlen lassen.

Lagerung & Haltbarkeit

2–3 Monate reifen lassen. An einem kühlen, dunklen Ort (Speisekammer oder Kühlschrank reicht) ist das Kompott ca. 1 Jahr haltbar.

Verwendung

Vogelbeerkompott benötigt man für Vogelbeercreme (→ Rezept S. 258), es passt zu Eis (Vanilleeis → Grundrezept S. 271, aber auch gut zu weißem Kaffeeeis oder Pistazieneis), in Obstsalat, zu Wild und Wildgeflügel (statt Preiselbeeren).

Vogelbeerpaste

Zutaten für ca. 3–4 Gläser à 250 ml 1 kg gerebelte Vogelbeeren • 3 EL Erdnussöl • ca. 150 g Kristallzucker • Saft von 1/2 Zitrone • ca. 1/16 l Weißwein (z. B. Riesling) • evtl. Wodka zum Beträufeln

Vogelbeeren in Erdnussöl kurz anbraten. Zucker dazugeben und glasig rösten. Mit Zitronensaft und Wein ablöschen. Evtl. etwas Wasser untergießen (falls die Beeren zu trocken sind) und bei kleiner Flamme ganz weich dünsten. Vogelbeeren mit dem Pürierstab mixen und durch ein Drahtsieb streichen. Nochmals aufkochen, evtl. mit etwas Wasser die Konsistenz regulieren. In heiß ausgespülte Gläser abfüllen, evtl. mit etwas Wodka beträufeln, sofort verschließen. Bei Zimmertemperatur abkühlen lassen.

Lagerung & Haltbarkeit 2–3 Monate reifen lassen. An einem kühlen, dunklen Ort (Speisekammer oder Keller reicht) ist die Paste ca. 1 Jahr haltbar. Geöffnet im Kühlschrank lagern und innerhalb einer Woche aufbrauchen.

Verwendung Vogelbeerpaste passt zu Linsensuppe (→ Rezept S. 264). Die Paste kann man mit etwas Weißwein und Honig verdünnt als Sauce zu Terrinen und Pasteten (ähnlich wie Cumberlandsauce), zum Montieren oder Aufmixen von Saucen für Karpfen, Schleie, Hecht oder als Fülle für pikantes Gebäck vor dem Backen (z. B. Roggenweckerl) verwenden.

Grundrezepte

Blätterteig
Brioche, ungesüßt
Eis-Grundmasse / Vanilleeis
Estragonessig
Fischfond
Geflügeljus
Gemüsefond
Gewürzbrot
Hühnerfond
Kalbsjus
Mayonnaise
Nudelteig
Preiselbeeren, kalt gerührt
Vinaigrette
Wildjus

Blätterteig

Zutaten für ca. 1,5 kg

1 kg glattes Mehl
1 kg Butter (Zimmertemperatur)
400 g Wasser
1 Ei
1 Eiweiß
1 gestrichener EL Salz
2 cl brauner Rum

Zubereitung Für den Butterziegel ca. 100 g von der Mehlmenge mit der gesamten Butter verkneten. Zu einem fingerdicken rechteckigen Ziegel formen. • Für den Vorteig restliches Mehl mit Wasser, Ei, Eiweiß, Salz und Rum zu einem glatten Teig verkneten und zu einer Kugel formen. Kreuzweise einschneiden. Die Konsistenz beider Teige sollte ähnlich sein, damit sie sich beim Ausrollen gut verbinden. Den Vorteig ca. 15 Minuten rasten lassen (Zimmertemperatur). • Vorteig von den Einschnittkanten jeweils nach außen ca. 1 cm dick ausrollen (kreuzförmig). In die Mitte den Butterziegel legen, mit den vier Seiten einschlagen und umdrehen, damit die Schnittfläche nach unten liegt. Auf einem bemehlten Brett gleichmäßig fingerhoch rechteckig ausrollen. Eine einfache Tour machen (Teig dritteln, zusammenlegen). Wieder auf die gleiche Dicke rechteckig ausrollen. Eine doppelte Tour machen (Teig von jeder kurzen Seite zur Mitte und dann zusammenklappen, also vierteln). Über Nacht mit Klarsichtfolie abgedeckt im Kühlschrank rasten lassen. • Am nächsten Tag jeweils eine einfache und eine doppelte Tour machen. Dann gut fingerdick ausrollen. Falls der Teig gleich verarbeitet werden soll, noch mindestens eine Stunde im Kühlschrank rasten lassen. Oder in gleichmäßige Stücke (à ca. 250 g) schneiden, in Klarsichtfolie einwickeln (nicht frisch vakuumieren, weil sonst die Butter austritt) und einfrieren. Tiefgefrorener Blätterteig hält 2–3 Monate. Vor der Verwendung auftauen lassen. Beim Ausrollen soll er noch kühl, aber nicht mehr hart sein.

Brioche, ungesüßt

Zutaten für ca. 2–3 Kästen

Für das Dampfl

200 g lauwarme Milch
1 EL Kristallzucker
2 Würfel frische Germ (à 42 g)
200 g glattes Mehl

Für den Teig

800 g glattes Mehl
100 g Milch
12 Dotter (große)
20 g Salz
2 cl brauner Rum
250 g weiche Butter

1 EL Butter zum Ausstreichen der Formen
1–2 Dotter zum Bestreichen

Zubereitung Für das Dampfl Zucker und Germ in der lauwarmen Milch auflösen, mit dem Mehl dickbreiig verrühren und mit etwas Mehl bestauben. Mit einem sauberen Geschirrtuch zudecken und ca. 15–20 Minuten aufgehen lassen, bis sich das Volumen ungefähr verdoppelt hat. • Das Dampfl mit den restlichen Zutaten ohne der weichen Butter verrühren, erst dann die Butter untermengen. Mit den Händen (oder mit der Küchenmaschine) zu einem glatten, glänzenden Teig, der sich von den Händen löst, verkneten. In eine leicht bemehlte Schüssel geben, mit dem Geschirrtuch zudecken und ca. auf das Doppelte aufgehen lassen (etwa 30 Minuten). • Teig in 2 oder 3 (je nach Größe der Kastenform) Stücke teilen. Jedes Stück auf einer leicht bemehlten Fläche zu einer dicken Rolle formen, die in eine Kastenform passt. Form mit Butter ausstreichen, Rolle einlegen, nochmals ca. 1/2 Stunde gehen lassen, mit Dotter bestreichen. • Im vorgeheizten Backrohr bei 180 °C ca. 35 Minuten backen (je nach Größe). Heiß stürzen und auf einem Gitter abkühlen lassen. Ganz ausgekühlt entweder verwenden oder in Klarsichtfolie eingewickelt max. 1 Monat einfrieren. **Variante** Für süßen Brioche gemeinsam mit den Dottern 70 g Zucker unterrühren.

Eis-Grundmasse / Vanilleeis

Zutaten für ca. 750 ml

1/4 l Obers
1/4 l Milch
4 Dotter, 1 Ei
100 g Kristallzucker

Zubereitung Obers mit Milch aufkochen, Dotter, Ei und Kristallzucker im Schneekessel mit einem Schneebesen cremig verrühren. Die kochende Flüssigkeit daraufleeren, verrühren und über Dampf zur Rose abziehen, bis eine leichte Bindung entsteht. Durch ein Sieb abseihen und überkühlen lassen. • Für Vanilleeis eine ganze, der Länge nach halbierte Vanilleschote und ihr ausgekratztes Mark mitkochen. Erst nach dem Abkühlen durch ein Sieb abseihen. In der Eismaschine cremig frieren.

Estragonessig

Zutaten für 1 l

1 l verdünnter Essig (Klare Essigessenz mit Wasser auf ca. 2 Prozent Säure verdünnen – siehe Flaschenetikett –, das entspricht etwa dem halben Säuregehalt handelsüblichen Essigs.)
ca. 150 g französischer Estragon, auf keinen Fall waschen

Zubereitung Estragonzweige mit der Schere in kleinere Stücke schneiden. Mit dem verdünnten Essig vermischen, in ein großes Rexglas füllen und zugedeckt an einem kühlen, dunklen Ort ca. 8 Wochen stehen lassen. Den Essig durch ein feines Tuch abseihen und in Flaschen füllen. **Lagerung & Haltbarkeit** An einem kühlen Ort (am besten im Kühlschrank) aufbewahren. So gelagert ist der Essig ca. 1 Jahr haltbar. **Verwendung** Estragonessig passt für Vinaigrette (→ Grundrezept S. 275), für Blattsalate, zu Gurkensalat. Zum Abschmecken von Schweinshaxerln, Bruckfleisch, Niere, Leber, aber auch zum Abschmecken von gebratenen Zucchini. 1/4 l Estragonessig auf ca. 3–4 EL reduziert zum Abschmecken von Geflügelsaucen. **Anmerkung** Je weniger Säure, desto mehr Aroma hat der Essig. Aber: Je weniger Säure, desto kürzer ist seine Haltbarkeit, deshalb im Kühlschrank lagern.

Fischfond

Zutaten für ca. 1 l

500 g Fischkarkassen (am besten Seezunge, Steinbutt, Zander, Forelle, Saibling – evtl. im Tiefkühler sammeln, bis die 500 g erreicht sind), gut gewässert (am Vortag in einem Gefäß mit kaltem Wasser auswässern, das Wasser zweimal wechseln)
ca. 1,5 l Wasser
2 Schalotten, geschält, geviertelt
1/2 Stange Lauch, in größere Stücke geschnitten
1 Stange Stangensellerie, in Stücke geschnitten
1 kleine Knoblauchzehe, ungeschält und mit dem Messerrücken zerdrückt
1 Zweig Thymian, 1 Zweig Estragon
einige Petersilienstängel
5–6 weiße Pfefferkörner
1 frisches Lorbeerblatt, gebrochen
1 gute Prise Salz

Zubereitung Karkassen in einem Topf gut mit dem kalten Wasser bedecken. Alle Zutaten beifügen. Langsam einmal aufkochen lassen. Schaum mit einem Schöpfer abschöpfen. Ca. 35 Minuten auf kleinster Flamme offen ziehen lassen. Durch ein Tuch abseihen. • In Rexgläser oder in kleine Plastikbehälter zum Einfrieren einfüllen. Die Rexgläser heiß verschließen, den Fond in den Plastikbehältern abkühlen lassen, dann erst verschließen. **Lagerung & Haltbarkeit** In Rexgläsern im Kühlschrank aufbewahrt innerhalb von einer Woche aufbrauchen, tiefgefroren ca. 1/2 Jahr haltbar.

Geflügeljus

Zutaten für ca. 1/2 l

1,5 kg Geflügelkarkassen (Hendl, Ente, Perlhuhn, Taube)
3 EL Olivenöl
2 Zwiebeln, geschält und in Stücke geschnitten
1 Stange Lauch, in Stücke geschnitten
6 Schalotten, geschält und in Stücke geschnitten
1 Knoblauchzehe, ungeschält und mit dem Messerrücken zerdrückt
1 Zweig Thymian
1 Zweig Rosmarin
1 Zweig Salbei
1 frisches Lorbeerblatt, gebrochen
6 weiße Pfefferkörner
1/4 l weißer Portwein
1/4 l Weißwein (z.B. Riesling)
ca. 1 l Wasser
1 gute Prise Salz

Zubereitung Geflügelkarkassen mit einer Geflügelschere in kleinere Stücke schneiden, in einen Bräter legen und mit Öl beträufeln. Langsam im Backrohr bei ca. 200 °C unter öfterem Rühren ca. 20 Minuten hellbraun rösten. Gemüse in den Bräter dazugeben und kurz mitrösten. Kräuter und Gewürze dazugeben und kurz durchrösten. Mit Portwein und Weißwein ablöschen und auf ca. die Hälfte reduzieren. In einen größeren Topf umfüllen und mit dem kaltem Wasser auffüllen. Einmal aufkochen, den Schaum mit einem Schöpfer abschöpfen und bei kleiner Flamme langsam ca. 2 Stunden lang (auf ca. 3/4 l) reduzieren. Durch ein feines Sieb in einen anderen Topf seihen. Nochmals aufkochen, bei schwacher Hitze weiter reduzieren (auf ca. 1/2 l). Mit Salz abschmecken. • In Rexgläser oder in kleine Plastikbehälter zum Einfrieren einfüllen. Die Rexgläser heiß verschließen, den Jus in den Plastikbehältern abkühlen lassen, dann erst verschließen. **Lagerung & Haltbarkeit** In Rexgläsern kühl (am besten im Kühlschrank) ca. 2 Monate, tiefgefroren ca. 1/2 Jahr haltbar.

Gemüsefond

Zutaten für ca. 2 l

2 Zwiebeln, geschält und in grobe Stücke geschnitten
1 Knoblauchzehe, ungeschält und mit dem Messerrücken zerdrückt
2 Karotten, geschält und in grobe Stücke geschnitten
2 gelbe Rüben, geschält und in grobe Stücke geschnitten
3 Stangen Stangensellerie, in Stücke geschnitten
1 Stange Lauch, in Stücke geschnitten
2 Zweige Thymian
einige Kerbelstängel
einige Petersilienstängel
2 frische Lorbeerblätter, gebrochen
8 weiße Pfefferkörner
2–3 Pimentkörner
evtl. 2 Paradeiser, halbiert oder geviertelt
2 EL Salz
ca. 3 l Wasser

Zubereitung Alle Zutaten in einen Topf geben, mit dem kalten Wasser bedecken und salzen. Einmal aufkochen, den Schaum mit einem Schöpfer abschöpfen und bei kleinster Flamme ca. 1 Stunde offen ziehen lassen. Durch ein Tuch abseihen. • In Rexgläser oder in kleine Plastikbehälter zum Einfrieren einfüllen. Die Rexgläser heiß verschließen, den Fond in den Plastikbehältern abkühlen lassen, dann erst verschließen. **Lagerung & Haltbarkeit** In Rexgläsern kühl (wenn die Gläser heiß verschlossen wurden, muss es nicht der Kühlschrank sein) aufbewahrt 2–3 Monate, tiefgefroren ca. 1/2 Jahr haltbar.

Gewürzbrot

Zutaten für 2 Laibe

1,2 kg griffiges Weizenmehl
400 ml warmes Wasser
1 TL Zucker
1 Würfel frische Germ (42 g)
400 ml Sauermilch
100 g weiche Butter
100 g feiner Weizengrieß
2–3 TL Salz
1 EL gehackter Rosmarin
1 TL grob gehackter Kümmel
1 TL gehackter Thymian

grobes Meersalz, geschroteter schwarzer Pfeffer und gehackter Rosmarin zum Bestreuen

Zubereitung Im lauwarmen Wasser Zucker und Germ auflösen und mit etwas Mehl (von den 1,2 kg) zu einer dickbreiigen Masse rühren (Dampfl). Mit etwas Mehl bestauben und mit einem sauberen Geschirrtuch zugedeckt ca. 20–30 Minuten gehen lassen, bis sich die Masse in etwa verdoppelt. • Restliche Zutaten mit dem Dampfl zu einem glatten Teig verkneten, am besten mit den Händen. Den Teig in eine Schüssel geben, mit dem Geschirrtuch zudecken und ca. 1 Stunde gehen lassen. • Teig vierteln. Die Viertel zu Wecken formen, ca. viermal schräg mit einem Sägemesser einschneiden und mit etwas Wasser bestreichen. Mit etwas grobem Salz, etwas geschrotetem schwarzem Pfeffer und etwas grob gehacktem Rosmarin bestreuen. Auf ein Blech mit Backpapier setzen und zugedeckt ca. 30–35 Minuten gehen lassen. • Ins kalte Backrohr schieben, auf 200 °C aufdrehen und ca. 45 Minuten backen. (Durch das langsame Erwärmen des Backrohres geht der Teig besonders gut auf.) Auf ein Gitter setzen und ganz abkühlen lassen. **Tipp** Brot kann man in größeren Mengen herstellen. Sofort nach dem Auskühlen in Klarsichtfolie einwickeln und einfrieren. So ist es maximal 2 Monate haltbar. Nach dem Auftauen kurz im heißen Backrohr aufbacken. **Verwendung** Gewürzbrot passt sehr gut zu Dips wie z. B. Waldkerbelpaste (→ Rezept S. 101), zu kräftigen Aufstrichen wie Quargelaufstrich, Kräuterfrischkäse, zu Erdäpfelgulasch, zu Würsten wie z. B. Rostbratwurst oder Hirschbratwürsten, auch zu eingelegten Klettenwurzeln mit Kalbslebermousse (→ Rezept S. 206), zu Rotschmierkäse wie Epoisses, Pont L'Eveque, Maroilles, zu Ziegenkäse in Asche.

Hühnerfond

Zutaten für ca. 1 l

2 kg Hühnerkarkassen (Rücken, Flügerl, Hälse ...)
1 Zwiebel, geschält und in grobe Stücke geschnitten
1 kleine Stange Lauch, in Stücke geschnitten
1/2 kleine Sellerieknolle, geschält und in Stücke geschnitten
1 Karotte, geschält und in grobe Stücke geschnitten
6–7 weiße Pfefferkörner
1 frisches Lorbeerblatt, gebrochen
2 Gewürznelken
4 Pimentkörner
ca. 1 EL Salz
2 Zweige Thymian
einige Petersilienstängel
ca. 2 l Wasser

Zubereitung Karkassen in einen Topf geben, alle Zutaten beifügen und mit dem kalten Wasser bedecken. Einmal aufkochen. Schaum mit einem Schöpfer abschöpfen und bei kleiner Flamme ca. 1,5 Stunden ziehen lassen. Durch ein Tuch abseihen. • In Rexgläser oder in kleine Plastikbehälter zum Einfrieren einfüllen. Die Rexgläser heiß verschließen, den Fond in den Plastikbehältern abkühlen lassen, dann erst verschließen. **Lagerung & Haltbarkeit** In Rexgläsern im Kühlschrank aufbewahrt innerhalb einer Woche verbrauchen, tiefgefroren ca. 1/2 Jahr haltbar.

Kalbsjus

Zutaten für ca. 2 l

2 kg Kalbsknochen, klein geschnitten
1 kg Kalbsfüße, klein geschnitten
ca. 7 l Wasser
2 Flaschen (à 0,75 l) kräftiger Rotwein (St. Laurent, Zweigelt)
1 Flasche (750 ml) roter Portwein
1 EL Kristallzucker
2 EL Paradeismark
ca. 1,5 EL Salz

Zubereitung Knochen und Füße in einen großen Topf geben und mit dem kalten Wasser bedecken. Einmal aufkochen lassen. Den Schaum und das Fett mit einem Schöpfer abschöpfen. Bei kleinster Flamme ganz langsam einkochen lassen, das dauert ca. 1 Tag. Über Nacht ausschalten und den offenen (!) Topf auf einen Rost oder ein Kuchengitter stellen, damit Luft von unten dazu kann (sonst wird der Fond sauer). Am nächsten Morgen aufkochen und anschließend langsam weiterköcheln lassen. Die Flüssigkeit sollte ca. auf die Hälfte reduziert sein. • In einem zweiten Topf Rotwein, Portwein und Kristallzucker auf ein Drittel (ca. 3/4 l) einkochen lassen. Den Kalbsfond durch ein grobes Sieb seihen, die Reduktion zum Fond geben und langsam weiter reduzieren. Paradeismark in einer beschichteten Pfanne auf kleiner Flamme rösten, dem Fond beifügen. Weiter reduzieren, bis ca. 2 l Flüssigkeit übrig bleiben. Zum Schluss salzen und den Jus durch ein feines Drahtsieb oder Passiertuch abseihen. Nochmals aufkochen lassen und evtl. nochmals Schaum abschöpfen. In Rexgläser oder in kleine Plastikbehälter zum Einfrieren einfüllen. Die Rexgläser heiß verschließen, den Jus in den Plastikbehältern abkühlen lassen, dann erst verschließen. **Lagerung & Haltbarkeit** In Rexgläsern kühl (am besten im Kühlschrank) ca. 2 Monate, tiefgefroren ca. 1/2 Jahr haltbar. **Anmerkung** Wenn Kalbsjus so wie in diesem Rezept gekocht wird, ist kein Montieren der Sauce mit Butter erforderlich, weil die mitgekochten Kalbsfüße (Verhältnis Knochen zu Füße immer 2:1) sowohl für Bindung als auch für Glanz sorgen. **Tipps** Geschnittene Kalbsknochen und -füße müssen beim Fleischhauer vorbestellt werden. • Wenn kein ausreichend großer Topf vorhanden ist, Kalbsknochen und -füße und Wasser auf zwei Töpfe aufteilen und kochen. In einen Topf umleeren, wenn schon ein Teil der Flüssigkeit verdunstet ist. Der Kalbsjus wird besser, wenn er von einer größeren Menge ausgehend zubereitet wird, außerdem lässt er sich problemlos einfrieren (oder gemeinsam mit einem Exemplar dieses Buches verschenken).

Mayonnaise

Zutaten für ca. 1/2 l

4 Dotter
1 gestrichener TL Salz
Saft von 1/2 Zitrone
1 Spritzer Worcestersauce
weißer Pfeffer aus der Mühle
evtl. 1 TL Dijonsenf (wenn kräftigerer Geschmack gewünscht)
1/2 l Pflanzenöl

Zubereitung Dotter und Gewürze in einem hohen Mixbecher glattrühren. Das Öl auf 2–3 Mal langsam zugießen und mit dem Pürierstab emulgieren.

Nudelteig

Zubereitung Alle Zutaten mit der Hand zu einem glatten Teig verkneten. Teig halbieren oder dritteln, in Rollen formen, mit Klarsichtfolie bedeckt im Kühlschrank ca. 2 Stunden rasten lassen. • Nach Bedarf ausrollen oder mit der Nudelmaschine verarbeiten. Frisch – innerhalb von zwei Tagen (im Kühlschrank gelagert) – verwenden. Frische Pasta hat kürzere Kochzeiten als getrocknete, normalerweise reicht einmal Aufkochen.

Zutaten für ca. 750 g

500 g griffiges Mehl
8 Dotter (groß)
2 ganze Eier
2 EL Wasser
2 EL Oliven- oder Pflanzenöl
1 gestrichener TL Salz

Preiselbeeren, kalt gerührt

Zubereitung Alle Zutaten in die Rührschüssel der Küchenmaschine geben und mit dem Knethaken auf kleinster Stufe so lange rühren, bis sich der Zucker auflöst. In heiß ausgespülte Gläser einfüllen, evtl. mit Wodka beträufeln und verschließen. **Lagerung & Haltbarkeit** Im Kühlschrank ca. 1 Jahr haltbar.

Zutaten für ca. 1,25 kg

1 kg vorbereitete Preiselbeeren (ins kalte Wasser geben, die Preiselbeeren, die oben schwimmen, mit einem Sieb abschöpfen und verwenden, die abgesunkenen wegwerfen)
250 g Kristallzucker
2 cl Wodka
evtl. Wodka zum Beträufeln

Vinaigrette

Zubereitung Alle Zutaten mit einem Spiralbesen sehr gut verrühren und abschmecken. • Mit Kräutern (Estragonessig mit gehacktem Estragon oder gehacktem Thymian, Hollerblütenessig mit klein geschnittener, eingelegter Zitronenschale (→ Rezept S. 62) oder gehackter Zitronen- oder Goldmelisse), Kräuterpasten (z. B. → Brennnesselpaste S. 45 oder → Waldkerbelpaste S. 101), Haselnusspaste (→ S. 136) oder Sirup (z. B. → Löwenzahnsirup S. 85 oder → Gänseblümchensirup S. 52) verfeinern.

Zutaten

1 Teil Estragonessig (→ Grundrezept S. 271) oder Hollerblütenessig (→ Rezept S. 68), auch Hollerbeeren- (→ S. 150), Sanddorn- (→ S. 229), Schlehenessig (→ S. 241)
Salz
weißer Pfeffer aus der Mühle
1 Prise Staubzucker
3 Teile Öl (bei Estragonessig Traubenkernöl, bei Hollerblütenessig auch Maiskeim- oder Sonnenblumenöl)

Wildjus

Zutaten für ca. 1 l

2 kg Wildknochen (am besten Reh oder Hirsch, eher kein Wildschwein, kein Hase), grob geschnitten
3 EL Pflanzenöl
10 Wacholderbeeren
5 Pimentkörner
10 schwarze Pfefferkörner
4 Gewürznelken
2 frische Lorbeerblätter, gebrochen
1 Zweig Rosmarin
1 Zweig Thymian
1 Zweig Salbei
1 Flasche Rotwein (St. Laurent, Zweigelt)
0,5 l Madeira
1/4 l Roter Portwein
2 EL eingelegte Preiselbeeren oder Preiselbeermarmelade
Saft von 2 Orangen
evtl. etwas abgeriebene unbehandelte Bio-Orangenschale
1,5 l Kalbsjus (→ Grundrezept S. 274)
ca. 1 EL Salz

Zubereitung Knochen in einen Bräter geben und mit Pflanzenöl beträufeln. Im Backrohr bei ca. 200 °C unter öfterem Rühren ca. 30 Minuten goldbraun rösten. In einen Topf geben und überkühlen lassen. • Gewürze und Kräuter in einem Mörser grob zerstoßen. In einen anderen, kleineren Topf geben und mit allen drei Weinen auffüllen. Preiselbeeren, Orangensaft und evtl. Orangenschale dazugeben. Aufkochen und langsam auf ca. ein Drittel reduzieren (ca. 1/2 l). Die Reduktion auf die Knochen gießen, mit fertigem Kalbsjus auffüllen und einmal aufkochen lassen. Schaum mit einem Schöpfer abschöpfen und langsam ca. 1 Stunde köcheln lassen, bis ca. 1 l Flüssigkeit übrig bleiben. Durch ein feines Tuch oder Drahtsieb abseihen. Mit Salz abschmecken. Evtl. nochmals Schaum abschöpfen. • In Rexgläser oder in kleine Plastikbehälter zum Einfrieren einfüllen. Die Rexgläser heiß verschließen, den Jus in den Plastikbehältern abkühlen lassen, dann erst verschließen.

Lagerung & Haltbarkeit In Rexgläsern kühl (am besten im Kühlschrank) ca. 2 Monate, tiefgefroren ca. 1/2 Jahr haltbar.

Adressen

Bezugsquellen im Raum Wien

Die meisten der Wildpflanzen kann man nicht kaufen, manche werden jedoch (wieder) angebaut. Bei diesen Bio-Betrieben und Gärtnereien lohnt sich das Nachfragen bzw. Vorbeischauen:

Manfred Böhm
Ernstbrunnerstraße 86
2003 Leitzersdorf
+43 (0)2266 65517
von April bis Dezember jeden Samstag ausschließlich auf dem Klosterneuburger Wochenmarkt
kleiner Bio-Betrieb mit sehr vielen alten Sorten und Raritäten

Ochsenherz Gärtnerhof
Peter Laßnig
Tannengasse 1
2230 Gänserndorf Süd
+43 (0)650 7076611
www.ochsenherz.at
von Ostern bis Weihnachten ab Hof und auf mehreren Wiener Märkten
Demeterbetrieb mit sehr vielen alten Sorten und Raritäten

Gärtnerei Bach
Contiweg 12
1220 Wien
+43 (0)1 2809534
www.gaertnerei-bach.at
von April bis Anfang November direkt in der Gärtnerei
Gärtnerei mit großer Gemüsesortenvielfalt und allen erdenklichen Würzkräutern (z.B. zig Sorten Minze, Salbei oder Thymian)

Bio-Feigenhof
Ursula Kujal & Harald Thiesz
Am Himmelreich 325
1110 Wien
+43 (0)664 4224480
www.feigenhof.at
von April bis November jeden Samstag ab Hof
Bio-Gärtnerei mit sehr großer Kräuterauswahl, Gemüseraritäten und frischen Feigen

Über die **Arche Noah**, die wichtige Gesellschaft zur Erhaltung der Kulturpflanzenvielfalt, können Sie weitere Direktvermarkter in ganz Österreich herausfinden. www.arche-noah.at

Fragen Sie auch auf Grünmärkten bei jenen Ständen nach, die nicht das 08/15-Angebot des jeweiligen Großgrünmarktes widerspiegeln.

Küchenfertige Weinbergschnecken bekommen Sie bei:

Wiener Schnecke
Weinbergschneckenzucht
Andreas Gugumuck
Rosiwalgasse 44
1100 Wien
+43 (0)650 6185749
www.wienerschnecke.at

Wanderungen und Kurse

Die Sicherheit beim Bestimmen wächst bei geführten Wildpflanzenwanderungen oder -kursen ebenso wie der kulinarische Horizont. Die folgenden Anbieterinnen und Anbieter können wir guten Gewissens empfehlen:

Die Landschaftsökologin und Buchautorin **Elisabeth Mayer** (→ Literatur S. 279) bietet eine mehrteilige Kursreihe zum Thema Wildpflanzen in Wien und im oberösterreichischen Seenland (nahe Salzburg) an. *www.kraeuter-fee.at*

Wer die Gelegenheit hat, an Kräuterwanderungen oder -seminaren des Ethnobotanikers und Kulturanthropologen **Wolf-Dieter Storl** (www.storl.de) oder des Landschafts- und Vegetationsforschers **Michael Machatschek** (z. B. über *www.gea.at/akademie* zum Thema „Nahrhafte Landschaft") teilzunehmen, sollte die Chance nützen. Beide gehören zu den deutschsprachigen Koryphäen auf dem Gebiet der Wildpflanzen (→ Literatur S. 279).

Halten Sie in Programmen von Volkshochschulen (z. B. für Wien *www.vhs.at*) und ländlichen Fortbildungsinstituten (österreichweit *www.lfi.at*) nach Wildpflanzenveranstaltungen Ausschau. Oft helfen die Suchbegriffe „Wildkräuter" oder nur „Kräuter" weiter.

Wildpflanzenvorträge und -kurse vorwiegend für Deutschland, aber immer wieder auch für Österreich und die Schweiz sind auf *www.essbare-wildpflanzen.de* zu finden. Die Seite wurde vom Landschaftsplaner und Wildpflanzenexperten **Steffen Guido Fleischhauer**, Autor mehrerer Wildpflanzenbücher (→ Literatur S. 279), zur Vernetzung der deutschsprachigen Angebote zu diesem Thema initiiert. Dort kann man sich auch für einen kostenlosen Newsletter zum Thema „Essbare Wildpflanzen" anmelden.

In der Schweiz und in Frankreich gibt der Ethnobotaniker und Buchautor **François Couplan** (→ Literatur S. 279) Kurse zum Thema Wildpflanzen. *www.couplan.com*

Hollerblüte

Literatur

Über Wildpflanzen kann man nie genug wissen. Diesen Autoren und Autorinnen vertrauen wir:

Couplan, François: **Wildpflanzen für die Küche**, Botanik und Sammeltipps, mit Rezepten von Jean-Marie Dumaine, AT Verlag 4. Auflage 2004. *Nicht sehr umfangreiches, aber umso gehaltvolleres Buch von einem der besten Wildpflanzenkenner. Schwerpunkt Geschmack, kulinarische Verwendung inkl. kleiner Rezepte und Sammeltipps.*

Fischer, Margot: **Wilde Genüsse**, Eine Enzyklopädie der essbaren Wildpflanzen von Adlerfarn bis Zirbelnuss, Mit rund 500 Rezepten, Mandelbaum Verlag 2007. *Hervorragend strukturierte und aufbereitete Enzyklopädie mit einer Doppelseite pro Pflanze, jeweils einem oft ungewöhnlichen Rezept, Zeichnungen, aber keine Fotos. Bibliophiles Werk.*

Fleischhauer, Steffen Guido: **Enzyklopädie der essbaren Wildpflanzen**, 1500 Pflanzen Mitteleuropas mit 400 Farbfotos, AT Verlag 4. Auflage 2006. *Umfangreiches Standardwerk, das mehr in die Breite als in die Tiefe geht. Mehr Lexikon als praktisches Handbuch. Kaum kulinarische Angaben.*

Fleischhauer, Steffen Guido: **Kleine Enzyklopädie der essbaren Wildpflanzen**, 1000 Pflanzen tabellarisch, mit 300 Farbfotos, AT Verlag 2010. *Überarbeitete Version der großen Enzyklopädie im Taschenformat mit besserer Übersicht. Nachschlagewerk mit kulinarischen Basisinfos.*

Fleischhauer, Steffen Guido: **Wildpflanzen-Salate**, Sammeltipps, Pflanzenporträts und 60 Rezepte, AT Verlag 2. Auflage 2007. *Übersichtlich und gut für den Einstieg ins Thema geeignet. 19 Salatpflanzen werden ausführlich, mit vielen Bildern, kulinarischen Tipps und Rezepten beschrieben.*

Fleischhauer, Steffen Guido; Guthmann, Jürgen; Spiegelberger, Roland: **Essbare Wildpflanzen**, 200 Arten bestimmen und verwenden, AT Verlag 3. Auflage 2008. *Sehr praktisches Bestimmungsbuch für unterwegs mit detaillierten Angaben zu Botanik und kulinarischer Verwendung sowie Erntezeittabelle für alle 200 Arten.*

Graupe, Friedrich; Koller, Sepp: **Delikatessen aus Unkräutern**, Das Wildpflanzen-Kochbuch, Mit über 200 köstlichen Rezepten, Orac 2005. *Etwas unübersichtliches, dafür besonders sympathisches Buch österreichischer Provenienz, das man ob seiner altmodischen Aufmachung nicht unterschätzen sollte. Viele Pflanzen in kurzer, treffender Beschreibung, noch mehr Rezepte.*

Machatschek, Michael: **Nahrhafte Landschaft**, Böhlau 1999. *Erstaunliches, unbekanntes oder vergessenes Wildpflanzenwissen, auch über Bäume bzw. Laub und Viehfutter, gut zu lesen und voller Überraschungen.*

Machatschek, Michael: **Nahrhafte Landschaft 2**, Böhlau 2004. *Fortsetzung von „Nahrhafte Landschaft“, nach Jahreszeiten gegliedert. Mit seinem reichen Erfahrungsschatz ebenso interessant wie der erste Band.*

Mayer, Elisabeth: **Wildfrüchte, -gemüse, -kräuter**, Erkennen, Sammeln & Genießen, Leopold Stocker Verlag 3. Auflage 2003. *Praxisorientiertes Handbuch, das nach Jahreszeiten gegliedert 61 heimische Wildpflanzen mit sehr vielen Tipps und Rezepten vorstellt. Weder besonders schön noch übersichtlich, aber inhaltlich eine kleine Schatzkiste.*

Mayer, Elisabeth: **Noch mehr Wildfrüchte, -gemüse, -kräuter**, Erkennen, Sammeln, Genießen, Leopold Stocker Verlag 2009. *Ähnliche Struktur (und sich wiederholende Pflanzen) wie im ersten Band, aber umfangreicher und mit zusätzlichem Schwerpunkt traditionelle Heilwirkung.*

Mayer, Elisabeth; Diewald, Michael: **Die besten Wildfruchtrezepte**, Süß & pikant, Leopold Stocker Verlag 2003. *Ebenfalls nach Jahreszeiten gegliedertes Praxisbuch, das sich auf Wildfrüchte (und einige wenige Pilze) konzentriert und dafür eine Menge kulinarischer Ideen und Rezepte liefert. Mit Sammeltipps.*

Storl, Wolf-Dieter: **Heilkräuter und Zauberpflanzen** zwischen Haustür und Gartentor, Droemer Knaur 2007. *Storl beschreibt in diesem Buch bloß neun bekannte Wildpflanzen (sieben davon kommen in „So schmecken Wildpflanzen“ vor), das macht er aber auf seine hintergründige und von enormem Wissen geprägte Art. Mit einigen Rezepten.*

Storl, Wolf-Dieter; Pfyl, Paul Silas: **Bekannte und vergessene Gemüse**, Geschichte, Rezepte, Heilkunde, Piper 2. Auflage 2006. *50 Gemüse- und Salatpflanzen im ausführlichen Porträt, Schwerpunkte Kulturgeschichte und Volksheilkunde, wie immer bei Storl kenntnisreich und ungewöhnlich, ergänzt um kleine Rezepte.*

Till, Susanne: **Wildkräuter Delikatessen**, Einfach & sicher bestimmen, Köstlich & raffiniert zubereiten, Residenz Verlag 2007. *Botanisch gewissenhafte Beschreibungen von 30 kulinarisch wertvollen Wildpflanzen samt Sammeltipps und interessantem Rezeptteil.*

Rezeptverzeichnis

Salate

Vorspeisen & Kleine Gerichte

Suppen

Vegetarisch (→ auch Vorräte)

Fisch & Krebse

Fleisch & Innereien

Beilagen

Desserts & Näschereien

Brot & Gebäck

Vorräte (alle vegetarisch)

Grundrezepte

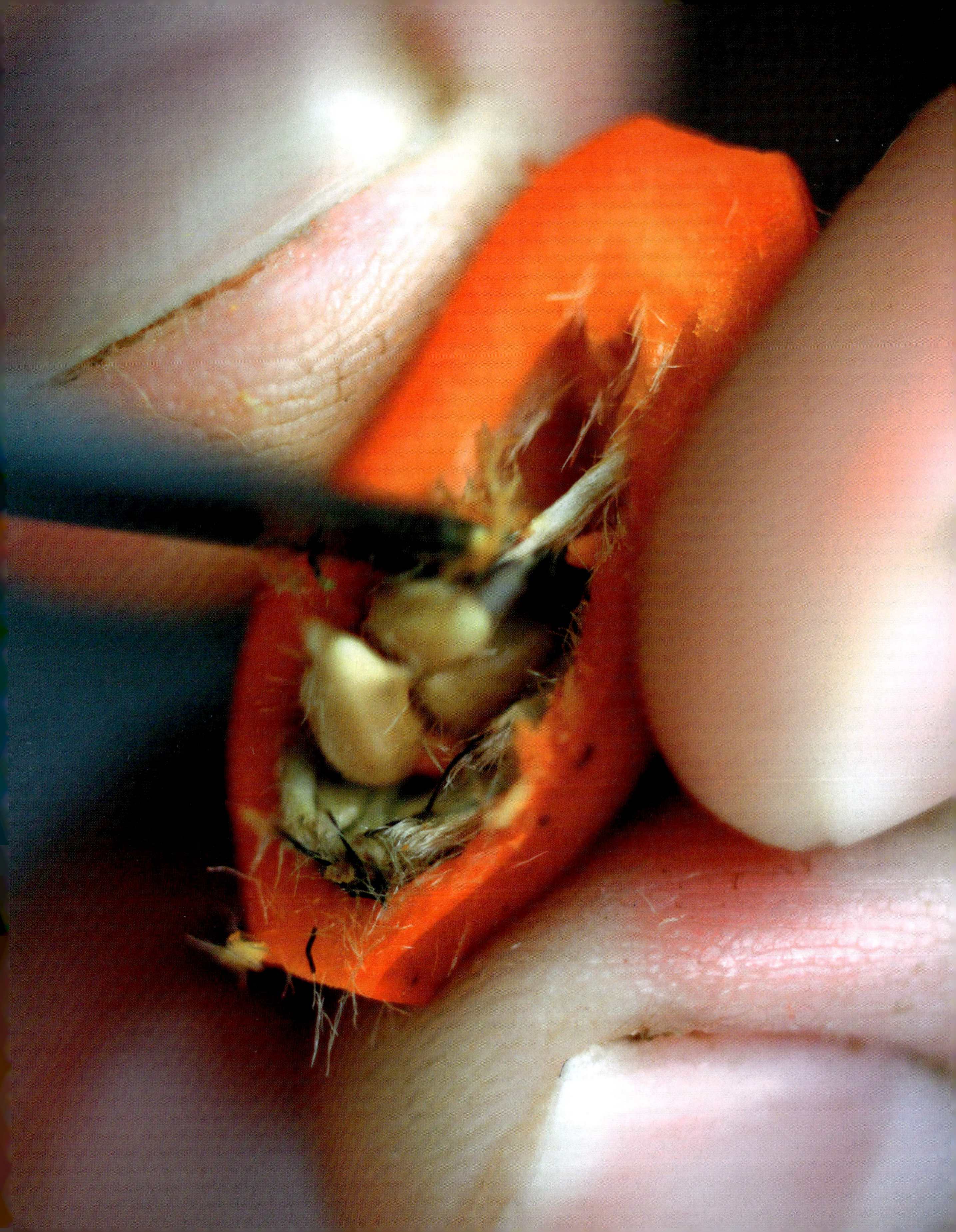

Stichwortverzeichnis

Wildpflanzenverzeichnis

Über den Koch, die Autorin und den Fotografen

Danke

Simone Andress, Manfred „Mani" Böhm, Elfie Breidt-Seiser, Christoph Freina, Eva Homolka, Sabine Jahn, Slava Klauser & Nadine Bogianzidis, Horst Lamnek, Trautlinde Lamnek-Neuburg & Horst Lamnek sen., Alexander Lorenz, Jasmin Neuhold, Karin Schobel, Luzia Schrampf, Elisabeth Schrattenholzer, Anke, Linda & Valerie Schütte, Anita Winkler & Team.

Danke für eure Unterstützung!

Meinrad Neunkirchner — der Koch

Jahrgang 1962, gebürtiger Wiener, lebt in Wien und kocht derzeit im Gourmet Gasthaus Freyenstein.

Der Meisterkoch und Foodstylist hat sein Handwerk bei Eckart Witzigmann in dessen Restaurant Aubergine in München gelernt, das damals bereits drei Michelin-Sterne hatte. Danach war er bei Kapazundern wie Marc Meneau und Troisgros in Frankreich oder Marchesi in Italien mehrere Jahre auf Lehr- und Wanderschaft, bevor er nach Wien zurückkehrte. Meinrad Neunkirchner wurde bereits Mitte der 90er Jahre mit drei Hauben und einem Michelin-Stern ausgezeichnet. Wildpflanzen haben ihn schon immer fasziniert und zu einzigartig aromatischen Gerichten inspiriert. Effekthascherei mag er gar nicht, seine Kreationen wirken optisch einfach, zeichnen sich aber durch perfekte Harmonie im Geschmack aus. Meinrad Neunkirchner arbeitet viel mit scheinbar altmodischen Techniken des Konservierens wie Einkochen und Einlegen, Trocknen und Verarbeiten zu Essig oder Pasten. Diese Vorräte kommen nach angemessener Reifezeit gekonnt und subtil zum Einsatz. Kritiker nennen ihn deshalb den „Aromenmagier" und „Meister der Aromen". Seine meisterlichen Wildpflanzen-Rezepte gibt er hiermit erstmals preis.

Katharina Seiser — die Autorin

Jahrgang 1974, gebürtige Oberösterreicherin, lebt und schreibt in Wien regelmäßig für Maxima, Der Standard u. a.

Die gelernte Magazinjournalistin, Kommunikationswissenschafterin und ausgebildete Köchin mit Gastgewerbe-Konzession schreibt seit 2001 als freie Kulinarik-Journalistin vorwiegend übers Essen, über Lebensmittel und deren Herkunft. Als Tochter einer Drogistin mit einem Fachgeschäft für Kräuter und Gewürze ist sie mit Hunderten Aromen seit ihrer Kindheit vertraut. Deshalb schätzt sie Meinrad Neunkirchners geschmacksreiche, saisonale Küche mit heimischen Zutaten ganz besonders. „So schmecken Wildpflanzen" ist ihr erstes Buch. Seit 2007 sind Katharina Seisers kulinarische Notizen auch auf www.esskultur.at nachzulesen.

Thomas Apolt — der Fotograf

Jahrgang 1963, gebürtiger Waldviertler, lebt und fotografiert in Wien, seine Bilder erscheinen in Magazinen wie A la Carte, Maxima u. a.

Der gelernte Fotograf arbeitet seit 1991 freiberuflich und fotografiert – am liebsten bei natürlich verfügbarem Licht – hauptsächlich Speisen sowie Köche und Köchinnen bei ihrer Arbeit. Das tut er nicht ganz uneigennützig, weil er gerne isst, was meisterlich zubereitet wurde. Deshalb arbeitet er seit zehn Jahren mit Meinrad Neunkirchner zusammen. Die beiden sind ein perfekt eingespieltes Team, was in diesem Buch anhand der vielen und großzügigen Bilder offensichtlich ist. Thomas Apolt hat die Fotos für mehrere Kochbücher, zum Beispiel von Sohyi Kim, Manfred Buchinger und Ulli Amon-Jell gemacht.

Gundelrebe

Die in diesem Buch enthaltenen Empfehlungen und Angaben sind von den AutorInnen mit größter Sorgfalt zusammengestellt und geprüft worden. Eine Garantie für die Richtigkeit der Angaben kann aber nicht gegeben werden. AutorInnen und Verlag übernehmen keinerlei Haftung für Schäden und Unfälle.

Bibliografische Information der Deutschen Nationalbibliothek
Die Deutsche Nationalbibliothek verzeichnet diese Publikation in der Deutschen Nationalbibliografie; detaillierte bibliografische Daten sind im Internet über http://dnb.d-nb.de abrufbar.

Ungekürzte Lizenzausgabe der Eugen Ulmer KG, 2011
Wollgrasweg 41, 70599 Stuttgart (Hohenheim)
E-Mail: info@ulmer.de
Internet: www.ulmer.de
Titelbilder: Thomas Apolt (oben), Stockfood / Teubner Foodfoto (unten)
Umschlaggestaltung: www.summerer-thiele.de

Erlerstraße 10, 6020 Innsbruck, Österreich
E-Mail: loewenzahn@studienverlag.at
Internet: www.loewenzahn.at

Buchgestaltung und grafische Umsetzung:
Stefan Rasberger, www.labsal.at

Fotografien: Thomas Apolt

Gedruckt auf umweltfreundlichem, chlor- und säurefrei gebleichtem Papier.

ISBN 978-3-8001-7569-7